JN089360

日本交通政策研究会研究双書

36

総合交通体系論の系譜と展開

杉山雅洋

流通経済大学出版会

まえがき

　昭和46（1971）年に展開され、その後の交通政策論議に多大な影響を与えるようになった総合交通体系論の系譜、動向を論ずるのが本書の狙いである。昭和46（1971）年といえば、今から半世紀以上前であることから、時代の変化が極めて激しい中で、これらのことを整理する意味は見い出せるのであろうか、ましてや今日は各種情報が豊富で、それらへのアクセスも容易な時代である。本書の構想を模索する中で、多大な作業量、推論、判断の必要性が予想されたことからも、執筆の意義への自問自答の繰り返しが続いた。それでも敢えて着手したのは、利用可能な情報、とくにネット情報がどこまで正確なものなのか、総合交通体系に関連した官庁の各省庁が組織再編された中で、当時の原資料がどの程度残されているのかに疑問なしとはしなかったからである。加えて、半世紀前の状況を直接知る人が限られてきており、幾分なりとも関与した者の責務の一つとして纏めておく必要があるのではと考えた次第からでもある。

　運輸政策審議会（運政審）の「総合交通体系に関する答申」（第1号答申、いわゆる46答申）が出された昭和46（1971）年前後、筆者は創設間もない運輸経済研究センター（現 運輸総合研究所）の研究員として、同センターでの調査・研究に従事するとともに、運輸省の同世代の役人の方々と答申関連の基礎資料の収集・整理作業を担当していた。電子計算機（当時は大型のものであった）の導入時でもあり、電算機を用いた交通量の予測、投資の経済効果の定量的な計測に関する本格的な研究が着手

され始めた時期であった。制度論を中心に机上での文献研究しかしてこなかった身にとっては、運研センターでの体験は目新しく、興味深いものであった。

そもそも総合交通体系とは何ぞやとの疑問も強かった。運政審の前身ともいえる運輸経済懇談会（運懇）での議論も実に刺激的であったし、運政審の中間報告で打ち出された理想形としての「青い鳥」論には惹かれるものが強かった。筆者自身、当時は総合交通体系なるものが定義される、そしてこれが政策として実践されるのではとの希望的観測があったのは事実である。しかし、「青い鳥」は46答申では示されなかったし、総合交通体系の定義も確立された訳ではなかった。その後、「総合」、「総合的」という言葉に接するたびに釈然としないものを持ち続けてきたことは否定できないままであった。

筆者の理解では、「青い鳥」論としての「総合交通体系」という言葉は少なくとも一連の運政審答申では後退していったが、議論の段階では今日でも使われている。その関連を追跡しておこうということから、本書での整理となったのである。

「第1章　経済計画、国土計画と交通政策」では、総合交通政策、総合交通体系が論じられるようになったのは、交通政策の面からというよりは経済計画、国土計画においてであったということから、関連する経済計画、国土計画での確認を行った。市場経済における計画というロジックにも興味がそそられるものでもあった。

「第2章　運輸経済懇談会から運輸政策審議会へ」はプレ46答申論ともいうべきものである。運懇の報告は運輸行政転換の起点となったものであり、物的流通と都市交通の2つが論じられ、運政審の議論に繋がった。46答申前の2つの中間報告には46答申並み、あるいはそれ以上注目されてもよいと考える。さらに第2章では、総合交通モデルに関連し、今日の理論的・実証的分析の嚆矢ともいうべき質の高い研究が行わ

れていたことも振り返る。本書の構成では各章を3節、各節を3項に
できるだけ均等に纏め上げることを心掛けたが、第2章だけが分量的に
膨らんでしまった。今日では忘れ去られがちなことを、どうしてもここ
に盛り込んでおきたいという筆者の強い意図からのものである。

　「第3章　運輸政策審議会昭和46（1971）年答申」はまさに本書の核
心となる部分である。46答申をわが国の交通政策研究面との関連を探
ることから始め、それがあるのかないのかを含めて、運政審46答申の
背景、概要をできる限り簡潔に伝えるよう心掛けた。

　「第4章　各所の総合交通体系論」は運政審46答申の出された昭和
46（1971）年に各所で展開された総合交通体系論を紹介するものである。
交通関連官庁である建設省、警察庁、民間の代表的組織である日本自動
車工業会（自工会）で行われた総合交通体系に関する考え方、提言を辿
るものである。

　「第5章　学会、政治・行政での検討」では、まず日本交通学会の昭
和46（1971）年全国大会で「総合交通政策の展望」が統一論題として選
ばれたことからそこで発表された諸論文を、次に交通の調査・研究の代
表的なシンクタンクである運輸経済研究センターで行われた試論を取り
上げる。その上で、総合交通体系論の狙いでもあった自動車重量税、総
合交通特別会計の検討の経緯、帰結を纏める。学会、政治・行政での総
合交通体系への接近の紹介・整理である。

　「第6章　46答申等の総括と臨時総合交通問題閣僚協議会の動向」は、
46答申と第4章で扱った建設省、警察庁、自工会の、さらには代表的
な国土計画である新全国総合開発計画（新全総）を可能な限りでの横並
びの比較を試みる。その上で、昭和46（1971）の総合交通体系論の総括
ともいえる、経済企画庁に設置された臨時総合交通問題閣僚協議会の取
り纏めに着目し、その動向を紹介する。

　「第7章　46答申以降の総合交通体系（政策）関連の運輸政策審議会

答申」では、各種答申の中から総合交通政策に関連すると判断されるものをフォローする。これに該当するものとして取り上げるのは第6号、第11号、第20号答申である。筆者の捉え方では、第6号、第11号答申では必ずしも「総合交通体系論」という言葉に固執しなかったが、第20号答申は運政審として最後のものであることからも、46答申（第1号答申）にも配慮した文言、内容という理解である。総じていえば、「青い鳥」論は現実のものではなかったのである。

その後時代が下って、平成9（1997）年に最初となる「総合物流施策大綱」が閣議決定され、その更新が続いている。「総合」と銘打っていることから、総合交通体系論を扱う本書でも検討対象とすべきものと考えたが、そこでの問題意識、検討方法から第1〜7章の延長に位置付けるのはいかにも論理的にそぐわないという判断から「補章　総合物流施策大綱」とした次第である。

本来、第1〜7章（＋補章）の各々に一冊の研究書が必要とされる程検討・考察すべき対象は多きにわたるが、本書では敢えて焦点を絞り込んだ。精粗の差はあれ、筆者としては盛り込むべきもの、どうしても盛り込んでおきたいものは取り上げたつもりであるが、漏れもあり得よう。その点は筆者の気力、体力から責任回避ともなろうが、後学の方々に補っていただければと願う次第である。また、多くの引用文献を筆者の判断で紹介した。正確な紹介を心掛けたが、原典の真意を損なっていないことを願いたい。文献の解釈、推論は全て筆者の責任において行ったことも断っておきたい。

運政審時代を振り返って、当初から審議に主体的に関係され、今以って研究、教育の最前線に立っておられるのは、中村英夫先生、森地茂先生以外には見当たらなくなっている。できることなら両先生に拙稿へのご意見、ご批判を仰いだ上で出版に臨むべきであったが、もっぱら筆者の都合でそのプロセスを省いてしまったのは心残りである。

　本書の出版に当たり、公益社団法人日本交通政策研究会の出版助成をいただいた。同会代表理事山内弘隆先生、原田昇先生に厚く御礼申し上げたい。拙稿作成段階で苦瀬博仁先生（東京海洋大学、流通経済大学）、味水佑毅先生（流通経済大学）、大門創先生（國學院大學）には有益な示唆をいただいた。苦瀬先生は的確なコメントも寄せてくださった。また前著と同様、白鴎大学山田徳彦先生には拙稿へのチェック、校正、図表の作製といった面倒な作業に快く多大な助力をいただいた。諸先生方には改めて厚く感謝申し上げたい。さらに、本書の出版を好意的に引き受けてくださった上に、数々の激励迄頂戴した流通経済大学理事長野尻俊明先生、学長上野裕一先生、出版会の小野崎英氏のご高配に心よりの感謝の念を捧げたい。

2023年9月　杉山 雅洋

総合交通体系論の系譜と展開

目　次

第 1 章

経済計画、国土計画と交通政策

当初、総合交通政策、総合交通体系は交通政策の枠中でというよりは、経済計画、国土計画の中で論じられてきた。交通単独ではなく、より広い視点で論ずべきであるとのことからであろう。その際、「総合」とは何か、この言葉が今日でも日常的に頻繁に使われているのにもかかわらず、意味する内容は明らかではない。「総合」は「社会的最適」の意味であろうか、社会的最適を経済学での最善（first best）とした場合、「総合」はそうとは限らないのである。いわゆる「総合交通体系（政策）」が論じられるようになった戦後の経済計画、国土計画の概要を振り返り、そこでの総合交通体系の扱いを検討する。

1-1　総合交通政策、総合交通体系における「総合」とは

(1)　「総合」の意味するもの

　総合交通体系を正面から論じた運輸政策審議会の昭和46（1971）年答申（46答申）から半世紀以上を経た今日でも、「総合」、「総合的」という言葉はいろいろなケースで用いられている。代表的には国会答弁等で「総合的に勘案して対処する」と多用される例が指摘されるが、その際、総合的対処は社会的最適に繋がるのかには言及されていない。聞いている側では、総合的に検討されるのであれば社会的に最適な対処がなされるものだととかく期待しがちになる。しかし、そこでいう「総合的」に対処するとは、問題ないし懸案となっている政策に関連する事項全てを勘案する、その上で政治的判断をするという意味であり、それが社会的最適であるという保証はない。

　経済学上の最善（first best）は制約条件なしでの目的関数の最大化から導かれるものであり、制約条件付きであれば次善（second best）、さらに三善（third best）、……ということになるので、課題とされる政策に関連

事項を考慮するのであれば、それらは制約条件ともなりうることから、導かれるのは次善、三善、……ということになり、最善ではない。政策当局には周知の筈のことであるので、次善、三善、……でも、そのプロセスで関連事項に配慮していることの重要性を訴えたいと解釈すべきなのかもしれない。しかし、この意味での総合的判断を社会的最適とするのは幻影としか映らないのであるがいかがであろうか。もっとも、K. J. Arrowのいわゆる不可能性定理──整合性、広範性、独立性、市民の尊厳性、非独裁性の要求をすべて満たすようなルールはありえない──を踏まえたものであれば別の話となるのであるが……。現実には、判断基準が明示され、それが説得的であることが望まれよう。

　交通政策に関しても、そこに「総合」の言葉が付されれば社会的に最適な交通政策があるものと思われがちになる。現に運輸政策審議会の46答申に先立つ中間報告の段階では「青い鳥」なる理想像の例えが登場しているのである。(「青い鳥」論は本答申では言及されていないが、この事情は第 2 章2-2の(2)、(3)参照)

　なお、政策論議上総合交通政策、総合交通体系という用語がほぼ同義的に出てくるが、前者が投資資金、運賃・料金、参入・退出などのソフトウェアを対象とするのに対し、後者は全国的な輸送施設の配置、種類などのハードウェアのインフラストラクチャーを対象とするという差がある[1]ものの、各所の政策論では使い分けがなされていないのがほとんどであることから本書でも両者を同義のものとして扱う。ちなみに冠言葉の「総合」なる用語は「さまざまなものを一つに合わせ、纏め上げること」(岩波国語辞典)、「二つ以上の事項についての価値判断あるいは関連付けを行い、体系的に整理すること」(角本良平、本書第 5 章5-2　補足資料参照)、との説明には直観的にも理解可能であるが、男性作家と女性

---

(1)　岡野行秀「総合交通政策(体系)、イコールフッティング」(絶筆稿、『運輸と経済』(2012年 2 月号)に掲載予定が病状悪化のため未完成)

作家の違いを論じた話での文学者村上春樹の「（男性作家、女性作家双方のことを）それらすべての総合（all the above）」との表現[2]にはわれわれなりの考察が必要とされよう。検討すべき対象を単に一つの土俵に上げるというだけでは「総合」ということにはなりそうもないのである。

（2）　倫理と論理

　身近な事例として道路混雑を取り上げてみよう。道路をスムーズに走れるという意味での「混雑なし」の場合には、通行車両同士の（偶発的事故のケースを除いた）トラブルもなければ、環境負荷も少なくて済む。言葉の厳密さをさておけば、このような状況を倫理的に好ましいと表現しても、大きな支障はないとされよう。現に、混雑しない道路を好ましいと考える人は決して少なくない。その一方で、論理的見地からみたらどうであろうか。

　経済学的には「混雑なし」ではなく、最適混雑なるものも成立しうる。図1-1は交通学徒にとっては周知のものであるが、交通量がB点までは混雑なしにスムーズに走行できるものの、B点を超すと混雑が発生し費用曲線（単純化のため図1-1では直線）は右上がりとなる。理論的には混雑回避のためEHに相当する混雑料金を課し、交通量をB点まで削減すべきということになるが、社会的便益は死重的損失（dead-weight loss）としての△BEGが減少し、これは社会的費用の減少分（△BHE）を上回る。このことからE点が最適混雑点となる。「混雑なし」（B点）を倫理的に好ましいとすることに対し、論理上は「最適混雑」なるものが存在しうることになる。道路という社会資本を利用することから、どちらが選択されるべきかはその費用の負担者である国民の判断に委ねられることになる。

（2）　村上春樹「切腹からメルトダウンまで」、村上春樹・柴田元幸『本当の翻訳の話をしよう（増補版）』（2021年7月　新潮文庫）p.319

図1-1　最適混雑

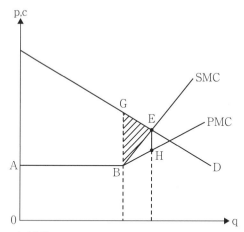

D：需要曲線
PMC：私的限界費用（金銭的費用+時間価値×走行時間）曲線
SMC：社会的限界費用曲線

　上記は総合交通体系なるものが倫理的に望まれるのか、論理としては
どうなのかを考える上では一例ともなりうるものではなかろうか。

(3)　市場経済における経済計画

　市場経済は資源配分と所得分配を市場機構に委ねることを基本として
いるので、そこに計画原理、それを端的に用いる形での経済計画が入り
込むのは相矛盾しているのではないのかという素朴な疑問もありうる。
事実として、そのように考えていた有力政治家もいた（いる）のである。
しかし、現実には第 2 次世界大戦後のわが国だけでなく、市場経済体制
の欧州諸国においても、経済計画は取り入れられてきた。大戦前に経済
計画を用いてきたのは計画経済体制であったソ連だけであったが、戦後
の市場経済体制諸国での経済計画の導入は幾分なりともその影響とみる
べきものであろうか。市場経済体制で経済計画を取り入れてきた諸国

と、ソ連では経済運営における計画のウェイトに大きな差があり、前者では立案主体の政府等により国民に目標となる指標を示すことでの経済活動の誘引を主たる目的とするという点でソ連の経済計画とは異なっていた。すなわち、前者のそれは指示的計画（indicative plan）であるという位置付けでソ連のケースとは根本的に異なるものと解釈すべきなのである。

　経済計画では特定の経済部門だけが対象とされることはない。交通部門の計画でも関連する他の部門（国土開発、都市計画、産業立地等）との調整ないし連携が図られるべきこととなるので、この意味合いを「総合」と解釈するのであれば、そこに総合交通政策論が登場しうる余地はある。もっともそれ以前に、経済活動を支える基盤である社会資本の特徴として、一般に

① 　そのサービスの負担と受益が一致するとは限らない、
② 　社会的必要量の確保と投資の採算性が合致しないケースが多い、
③ 　巨額な初期投資、長期の懐妊期間から、プロジェクトライフは長期とならざるを得ない

ということが指摘されるため、民間企業が担当しにくい[3]、したがって公的部門の出番が要請されることを確認しておくべきであろう。その場合にはいわゆる「総合的見地」からの計画が求められることとなる。上記①〜③の特徴は交通関係社会資本に顕著にみられるので、その整備には計画論的接近が図られても特段不思議ではないのである。ただし、当該計画が論理整合的かつ公平・効率的に樹立されるべきであることはいうまでもない。

（3）　その場合でも、このことを承知の上で参入を希望する民間企業を排除するという論理にはならない。

1-2　経済計画における総合交通体系

(1)　戦後における経済計画

　経済計画は指示的indicative なものであっても、公的部門、民間部門にとってそこで示される代表的計画指標（実質経済成長率、実質失業率、実質物価上昇率等）は各々の行政指針、行動指針とはなりうるもので、それなりに機能したと評価することもできよう。

　戦後わが国の経済計画は

　　経済企画庁編『戦後日本経済の軌跡　経済企画庁50年史』（1997年
　　3月）

の中でその大要が示されている。同書を以下50年史と略称するが、この50年史が出された４年後には、経済企画庁は総理府・沖縄開発庁と統合されて内閣府となっているので、経済計画を含む経済企画庁時代の諸々の活動を庁組織を挙げて克明に整理・記録に残した同書は、とりわけ今日では貴重な証拠資料となっている。

　戦後初めて閣議決定されたという意味での正式な経済計画は「経済自立５ヵ年計画」であった。以後、経済企画庁での長期経済計画は、経済審議会の答申→閣議決定、というプロセスを経て、政府全体の計画として決定されるのが慣例となったのである。戦後の経済計画は表1-1に纏められているとおりであるが、これらはその目標によって

　第一類型：復興、自立
　第二類型：高い経済成長の達成
　第三類型：成長と社会開発の調和

第四類型：安定成長への誘導

と分類されている（50年史、p.99〜102）。そこでは第一類型には「経済自立５ヵ年計画」とそれに先立つ「経済復興計画」（1949年）が挙げられている。復興計画は時の吉田内閣が計画の導入に消極的であったという事情[4]等から陽の目を見ずに終わったものであるが、以後の日本の経済計画の出発点となったものと位置付けからここに分類されている。第二類型には「新長期経済計画」、「国民所得倍増計画」、第三類型には「中期経済計画」から「経済社会基本計画—活力ある社会のために—」までの４つの計画、第四類型には「昭和50年代前期経済計画—安定した社会を目指して—」が属するものとされている。50年史に示されている「経済計画の役割と意義」としての記述は半世紀を経た今日でも十分適用されうるものと考えられる（筆者）。そこでは民間部門と公共部門の相対的な力関係、取り得る政策手段の範囲の相違によって、政府の市場経済への関与のあり方については立場を変えており、「経済復興計画」では（物動的色彩）[5]を濃くした、「経済自立５ヵ年計画」と「新長期経済計画」では（間接的手段の重視）、「国民所得倍増計画」では（官民の役割分担）の明確な性格付けが行われたとされた。さらに（予測と誘導政策）では、企業自らが「長期計画を立て、過度に政府に依存する態度をやめて、自主的責任体制を確立することを期待し、（新しい産業秩序）では「新産業形成論」の有力な考え方であったこと、（経済計画の基本的役割）では①望ましく、かつ実現可能な経済社会の姿についての展

（4） 経済計画に限らず、吉田首相の計画嫌いの背景は
　　下河辺淳『戦後国土計画への証言』（1994年３月、日本経済評論社）
　　のp.220〜228で下河辺氏自身により語られている。なお、下河辺著は本節次項
　　1-2(2)、1-3で活用する。
（5） 文中の（　）書きは一つの項目として50年史で用いられていることから、こ
　　こでも踏襲することとする。

表1-1　日本の経済計画

名　　　称	策定年月	策定時内閣	計画期間（年度）	計画の目的	実質経済成長率計画期間平均
経済自立 5 ヵ年計画	昭30.12（1955.12）	鳩山	昭和31〜35（1956〜60）	経済の自立完全雇用	4.9%
新長期経済計画	昭32.12（57.12）	岸	昭和33〜37（58〜62）	極大成長生活水準向上完全雇用	6.5%
国民所得倍増計画	昭35.12（60.12）	池田	昭和36〜45（61〜70）	極大成長生活水準向上完全雇用	7.8%
中期経済計両	昭40.1（65.11）	佐藤	昭和39〜43（64〜68）	ひずみ是正	8.1%
経済社会発展計画—40年代への挑戦—	昭42.3（67.1）	佐藤	昭和42〜46（67〜71）	均衡がとれ充実した経済社会への発展	8.2%
新経済社会発展計画	昭45.5（70.5）	佐藤	昭和45〜50（70〜75）	均衡がとれた経済発展を通じる住みよい日本の建設	10.6%
経済社会基本計画—活力ある福祉社会のために—	昭48.2（73.2）	田中	昭和48〜52（73〜77）	国民福祉の充実と国際協調の推進の同時達成	9.4%
昭和50年代前期経済計画—安定した社会を目指して—	昭51.5（76.5）	三木	昭和51〜55（76〜80）	わが国経済の安定的発展と充実した国民生活の実現	6 % 強
新経済社会 7 ヵ年計画	昭54.8（79.8）	大平	昭和54〜60（79〜85）	安定した成長軌道へ移行国民生活の質的充実国際経済社会発展への貢献	5.7%前後
1980年代経済社会の展望と指針	昭58.8（83.8）	中曽根	昭和58〜平成 2（83〜90）	平和で安定的な国際関係の形成活力ある経済社会の形成安心で豊かな国民生活の形成	4 %程度
世界とともに生きる日本—経済運営 5 ヵ年計画—	昭63.5（88.5）	竹下	昭和63〜平成 4（88〜96）	大幅な対外不均衡の是正と世界への貢献豊かさを実感できる国民生活の実現地域経済社会の均衡ある発展	3 3/4%程度
生活大国 5 か年計画—地球社会との共存をめざして—	平4.6（92.6）	宮澤	平成 4 〜 8（92〜96）	生活大国への変革地球社会との共存発展基盤の整備	3 1/2%程度
構造改革のための経済社会計画—活力ある経済・安心できるくらし—	平7.12（95.12）	村山	平成 7 〜12（95〜2000）	自由で活力ある経済社会の創造豊で安心できる経済社会の創造地球社会への参画	3 %程度（8(96)〜12(2000)年度）

出典：経済企画庁編『戦後日本経済の軌跡』p.927

望を明らかにすること、②中長期にわたって政府が行うべき経済運営の基本的方向を定めるとともに、重点となる政策目標と政策手段を明らかにすること、③家計や企業の活動のガイドラインを示すこと、と纏められている。（経済計画の基本的役割）での①〜③の記述から、わが国の経済計画が「指示的計画（indicative plan）」であるとの由縁が伺い知れるのであるが、このことは特に「国民所得倍増計画」から確認できるものである。なお、「経済復興計画」が物動的色彩を濃くしたと、今日では国語辞典にも載っていない「物動」という表現をしたのは直接的手段としての 消費支出の抑制、資本蓄積のための資金計画、原材料の輸入割当、価格管理といった統制手段が現実に存在していたということを指している。これに対して間接的手段は財政・金融等をいうのは断るまでもない。

　本書での主たる関心事は昭和46（1971）年に展開された総合交通体系論であり、本章は総合交通体系論に至るまでの経緯をフォローするのが目的であることから、関連事項として参照している経済計画に関しては、表1-1で示されているもののうち、昭和46（1971）年以前の計画で総合交通体系論に言及している「経済自立５ヵ年計画」、「新長期経済計画」と「国民所得倍増計画」、「中期経済計画」をそれぞれ本節の(2)、(3)で該当箇所を中心に注目することとする。

(2)　総合交通政策の模索

　昭和30（1955）年12月に閣議決定された「経済自立５ヵ年計画」は、米国援助や戦争の特需に依存しない経済の自立と完全雇用の目標達成および経済成長の極大化を目標とするものであった。完全雇用の目標達成は当時としては野心的であったと述懐されている（50年史、p.100）が、実質経済成長率が計画では4.9％であったものが実績では8.7％と大きく上回り、他の大部分の目標とともに、計画実施後わずか２年目で達成された。このことは計画担当者にとっては想定以上のものであったのであ

ろう。昭和31（1956）年の経済白書で「もはや戦後ではない」と記されていることにも象徴されるといえる。それだけ民間部門の経済活動が活発であったのである。

　「経済自立５ヵ年計画」の特徴はそれまでの統制的色彩のかなり濃い計画（「経済復興計画」）と異なり、企業の自由な行動と自由な市場を基調とする体制における経済運営の指針を示すものであって、将来のあるべき姿を描くことによって民間企業の活動や政府の施策の方向を示そうとするものであった（50年史、p.76）。交通に関しては「鉄道、内航船舶、自動車のそれぞれの分野における特質を勘案して二重投資の弊害を避け、輸送機関相互の調和的発展を図るため、総合的見地に立った国内輸送政策を樹立する必要がある。（航空は量的に対象外とされる）」とされている。同計画では、財政・金融の間接的手段にやや重点が移るが、公共企業による雇用の吸収などにみられるように、目標と政策を直接的に結び付ける考え方が強いなど、後の計画にみられる政策体系の総合化という意識は希薄であったように思われる（50年史、p.100）ことからも、交通での"総合的見地"という表現に、いわば総合交通体系論序説の段階であったと類推されよう。

　「経済自立５ヵ年計画」は昭和31（1956）年から同35（1960）年までが計画期間であったが、そこで想定された経済成長と実態が乖離したことから、当初の計画期間の途中の昭和32（1957）年12月には「新長期経済計画」が閣議決定されることとなった。「新長期経済計画」は国民生活の安定と完全雇用のために可能な限り高い経済成長率の持続的達成が目的とされ、輸出の拡大、資本蓄積の増強、経済発展の基礎部門の拡充、産業構造の高度化、農業生産構造の近代化、雇用と国民生活の改善が課題とされた。また、同計画は公共投資との関連を原単位方式に求めたという点に特徴がある。

　同計画は間接的手段によって計画の実現を図る、経済運営の指針とな

るものであるとしたが、その計画段階では計画における政府の役割を資金計画で具体化するということはなされず、依然として生産数量目標等が重要な部分を占める産業計画的色彩が強く残ったとされている（50年史、p.103）。交通に関しては「鉄道、自動車、船舶および航空機の４者は、それぞれの特質に応じて独自の輸送分野を持つとともに、相互に補完的であり、またある程度代替的な関係にあるが、今後は、これら４者の合理的分業制を十分に発揮させるような総合的輸送体系の確立を目標として輸送力の増強と近代化を図り、とくに鉱工業地帯における輸送の円滑化と大都市における交通混雑の緩和を図る必要がある。」とされている。

　先の「経済自立５ヵ年計画」における"総合的見地"、「新長期経済計画」における"総合的輸送体系"との表現に、昭和30年代前半は総合交通政策は認識されていたが、その具体策については模索の時代であったことが伺えるのである。

(3)　社会資本整備の推進

　戦後の経済計画の中でとりわけ注目度が高く、今以って語られることの多いのは「国民所得倍増計画」である。「国民所得倍増計画」は高度経済成長の政策的支柱になったのであったが、その策定に至る経緯は①政府の公式の経済計画が改定を求められる時期にあったこと、②日本経済の将来展望について、新たな変化が予想され、それについての検討成果が公表されていたこと、③首相になる前から「月給２倍論」の政見を公表していた池田勇人氏の新政策大綱として所得倍増は国民的目標を作ることが政策的動機となっていたことが挙げられる。特徴としては①計画の中で公共部門と民間部門を区別し、前者は政府が責任をもつ実行計画的なものとし、後者は予測的なもので民間の企業活動の指針とし、政府は誘導政策を以ってその方向に民間部門を誘導することとしたこと、②計画における人の要素が重視されたこと、③日本経済の格差是正ということが本格的に取り上げ

られたことと整理されている（50年史、p.76〜77）。

　これまでの経済計画の中での計画期間が 5 年であったのに対し、「国民所得倍増計画」では10年とされ、政府はいわゆる社会資本の拡充と、社会保障、社会福祉の向上等に対する責任と役割の明確化を謳うこととなり、実質経済成長率は7.8%（ただし、当初の 3 年間は平均 9 %）とされた。経済政策に社会資本という用語が初めて明示的に用いられたのは「国民所得倍増計画」であったが、交通においても"総合的な交通体系"という表現が初めて登場したのも同計画であった。従前の計画での表現、内容をより具体的にしようというものであった。そこでは、

「総合的な交通体系の確立
　　今後経済の高度成長を実現していくためには、さし当たり輸送隘路の解決を図りつつ究極においては近代的交通体系を創出することが最も重要な課題である。このため今後の国内交通政策を考えるに当たっては次のような基本的考え方が重要である。すなわち

①　各輸送機関の輸送力の増大と最大限に技術革新を入れた近代化によって、合理的交通分業関係を創出すべきである。
②　各輸送機関は需要者がそれぞれのサービスと運賃を考慮して任意に選択利用できる状態におかれるべきである。
③　交通企業の自立採算を尊重し、原価主義によって決定された適正運賃を原則とすべきであり、これにより各交通機関の分野を適正に図るとともに、企業の経営基盤を強化すべきである。
④　可動施設の能力増加と固定施設の建設整備は均衡を保たなければならない。このための固定施設は一定の計画に基づく先行投資を行い、可動施設は能力増加と合わせて近代化を行うことが要求される。

今後の交通投資を行うに当たっては交通部門全体にわたり総合的計
　　画を策定し、投資効率の向上を図るとともに、国民経済全体としてみ
　　た産業立地のあり方に特に留意して、重点主義を強化すべきである。」

と記述されており、そこでの注目すべき点は交通インフラを隘路打開型
から先行投資型で整備すべきこと、交通投資では交通部門全体を見わた
して（という意味での―筆者推測―）総合的計画を策定すべきこと、重点
主義を強化すべきこと等が明確に指摘されていることである。
　また、社会資本整備については主要分野ごとに計画期間中の投資額が
示され、以後1970年代まではこの方針が引き継がれたのである。
　補足的に示せば、「国民所得倍増計画」以降では、「中期経済計画」で
低生産部門の近代化で物流（当時は「物流」という用語は定着していなかっ
たが……）が取り上げられ、物的流通部門の近代化が強調されたこと、
「経済社会発展計画」では総合的交通体系の整備で物的流通の方式およ
び体系の近代化が具体的に記述されたことが挙げられる。また、「新経
済社会発展計画」では実質経済成長率の計画値を実績値が下回るという
これまでにない経緯が示されたことも、経済活動の大きな変化であった
こととして注目されよう。なお、昭和45（1970）～同50（1975）年度を
計画期間とした「新経済社会発展計画」では、「新全国総合開発計
画」（次節1-3参照）に示された国土利用の長期構想に沿って、重点的に
社会資本整備を行うべきであり、長期的視点に立った広域的、体系的な
国土の新骨格を示すべきものでなければならず、各交通機関の特性を十
分活用しつつ、相互の協調体制を整備するほか、施設の一層の近代化を
進めることにより効率的な輸送体系を確立するとされている。そこでは
計画期間中の公共投資額はおおむね55兆円（昭和44（1969）年価格）、う
ち交通・通信は25兆100億円とされた。

1-3　国土計画における総合交通体系

(1)　「国民所得倍増計画」と「全国総合開発計画」

　経済企画庁の中・長期計画が重要性を高めていた時代に、経済政策との関連で特に重要とされたのが「国民所得倍増計画」と「全国総合開発計画」であった。国土計画に関しては、これを所管する国土庁が昭和49（1974）年 6 月の発足であったことから、当時は庁組織そのものが存在していなかった。したがって、「全国総合開発計画」をはじめとする国土計画も出発点では経済企画庁（総合開発局）が担当することとなっていたのである。

　「国民所得倍増計画」が策定された1960年頃、労働力需給は過剰から不足に転じ、それにつれ低所得地域から高所得地域への人口移動が極めて活発化し、いわゆる過密・過疎問題を生じさせることになった。当時経済企画庁に設置されていた経済審議会[6]の産業立地部会は「太平洋ベルト地帯」構想を示していた。同構想は地域格差の是正を目的としたが、現実には後進地域からの不満の声が大きかったことから、「国民所得倍増計画」の閣議決定の際に、後進性の強い地域の開発促進と所得格差の是正の要請に呼応する形で、そこに「後進性の強い地域の開発計画ならびに所得格差是正のため、速やかに国土総合開発計画を策定し、その資源の開発に努める」という但し書きが付され、「全国総合開発計画」の策定（1962年10月 5 日）に至ることとなった[7]。

（6）　経済審議会は経済企画庁の前身である経済審議庁の付属機関であったが、経済審議庁は1955年 7 月20日に経済企画庁に改称された。

（7）　国土計画については、わが国のプランナーとして中心的役割を演じた下河辺淳氏の証言が貴重な記録である。脚注 4 に示した

　　　下河辺淳『戦後国土計画への証言』（1994年 3 月、日本経済評論社）

　　は、本間義人・御厨貴・檜槇貢 3 氏のインタヴューに下河辺氏が応じた、全国

国土計画はその後国土庁に引き継がれることとなったが、その所管の変遷を振り返っておこう。国土開発行政は1947年3月内閣に「国土審議会」が設置（事務局は内務省）されたことに始まり、同年5月に経済安定本部[8]の組織拡充で国土審議会の運営も内務省から経済安定本部に移管された。国土審議会は1949年5月に廃止され、経済安定本部は「総合国土開発審議会」を設置、1950年5月26日に「国土総合開発法」が制定されることとなった。「総合国土開発審議会」、「国土総合開発法」の両者で"総合"と"国土"の用語の順番が入れ替わっているが、その経緯は筆者（杉山）には不明である。その事情はさておき、「国土総合開発法」で規定された全国、都府県、地方、特定地域の4種類の計画にはいずれも総合開発計画（傍点は筆者）とされていることから、国土計画は検討対象に地域全体を視野に入れていたという意味で、そこに"総合"という言葉が用いられたのであろう。その後「国土総合開発法」は旧態依然であるということから、田中内閣で改正が検討されることとなったが、折からの「日本列島改造論反対」、「田中内閣反対」の声の中で廃案とされ、その代わりに国土開発を担当する総合調整官庁として国土庁の設置となったというのが真相とのことである（下河辺、p.127）。この経緯は図1-2に示すとおりである[9]。

　なお、わが国経済の復興のために大きな役割を演ずることになった経済安定本部は経済事項については各省に優越する存在であることとされ、1946年12月に発足、当初は二人の大臣として内閣総理大臣（経済安定本部総裁）、国務大臣（経済安定本部総務長官）が置かれていた。その

　総合開発計画30年を政治、行政の面から多面的に物語ったものである。
（8）　経済安定本部は民間では短縮形として安本と呼ばれていたが、政府部門では経本と略称されていたとのことである（50年史、p.38）。
（9）　下河辺著でのこの類の経緯を示した図は少なくないが、いずれも中村隆司氏作成によるものと注記されている。

図1-2　国土利用計画法の制定、国土庁の設置に関する経緯

1969.5.30 新全国総合開発 計画閣議決定	**1964.9** 第一次臨時行政調査会（開発関 係法律の体系化の指摘） **1967.8.7** 地域開発制度調査会議発足（10 省庁次官等） **1971.12** 国土利用基本法素案	**1962.6** 建設省「国土開発行政の一元化 と国土省の建設について」 **1964.9** 第一次臨時行政調査会（総合開 発庁の設置の指摘）
1972.7 日本列島改造論		
1972.7.24 四日市判決 地価高騰	**1972.7〜11** 関係省庁次官会議 　8.7　国総法に関する検討事項 　8.24　土地利用調整法案要旨 　9.13　土地利用法制基本方針案 　11.30　国土の利用に関する総合 　　　　計画法案についての考え方 **1973.1.14** 国土総合利用法案作成 **1973.1.26** 地価対策閣僚協議会「土地対策 について」決定 **1973.2.5** 国土総合開発法案作成 **1973.3.27** 国土総合開発法案閣議決定 （特別規制地域制度の追加） **1973.4.19** 土地対策緊急措置法案（社会党） **1973.9〜12** 国会閉会中審査 **1974.2.28** 国対副委員長会談（天野提案） 「国土総合開発法案の修正につ いて」 **1974.3.29** 衆議院建設委員会理事会「土地 対策の骨子」（四野党提案） **1974.3.30** 衆議院建設委員会理事懇談会 「土地対策の骨子に対する考え 方」（自民党提案） **1974.5.8** 衆議院建設委員会　理事有志起 草草案（国土利用計画法案）を 委員会提案として可決 **1974.5.9** 国土利用計画法衆院可決 **1974.5.27** **国土利用計画法**成立	**1972.11.26** 田中首相、国土開発庁設置の発 言 **1972.12.13** 行政監理委員会、国土開発に関 する行政機構についての意見 （北開庁の統合を含） **1972.12.19** 日本列島改造問題懇談会 国土総合開発推進本部設置閣議 決定 　国土総合開発庁（北開庁を含 　まず）の設置準備 　国土総合開発公団設置準備 **1973.2.6** 国土総合開発庁設置法案閣議決 定 **1974.5.14** 総合開発庁設置法案審議開始 **1974.5.24** 設置法案修正（名称変更、土地 局独立、調整局の計画局統合） **1974.6.3** 国土庁設置法成立 **1974.6.26** **国土庁**発足

出典：下河辺淳『戦後国土計画への証言』p.129

一方で、経済危機突破のため暫定的な機構であることとされ、1952年7月31日に廃止（約6年間の存続）、総理府外局として経済審議庁を経て経済企画庁に改称されたのである。時代が下って昭和46（1971）年に運輸省、建設省、警察庁などの総合交通体系論が展開された際、それらの事務取り纏めが経済企画庁とされたのは、同庁が"経済事項の優越的存在"、"もっとも強力な経済官庁"とされた経済安定本部を起源としていることとの関係はどうなのだろうか。筆者はその関係を確証する資料を持ち合わせる者ではないが、関連性が大いにあったとするのが自然の流れであろうと推測している。

　また、平成13（2001）年1月の中央省庁改革基本法により行われた省庁再編で、経済企画庁は総理府・沖縄開発庁と統合して内閣府となり、国土庁・運輸省・建設省・北海道開発庁は統合され国土交通省となった。したがって、国土計画も国土交通省の所管に移ったのである。

(2)　国土計画の変遷

　代表的な国土計画である「全国総合開発計画」（以下、全総と略記）は「新長期経済計画」、「国民所得倍増計画」で方向が示されたものである。昭和37（1962）年10月の最初の計画（以下、一全総）から、昭和44（1969）年5月の「新全国総合開発計画」（以下、新全総、二全総と呼ばれることもある）、昭和52（1977）年12月の「第三次全国総合開発計画」（以下、三全総）、昭和62（1987）年6月の「第四次全国総合開発計画」（以下、四全総）と続き、第5次計画へと引き継がれるものと予定（期待）されたが、全総計画の名称は四全総までであった。平成10（1998）年3月に「21世紀の国土のグランドデザイン」と名を変え、令和5（2023）年には10年程度の国土づくりの指針となる新たな「国土形成計画」の策定に向け作業が行われている。全総計画の背景、基本目標、開発方式等は表1-2に纏められているとおりである。

　一全総は工業開発促進を背景に立案され、全国を開発地域、整備地域、過疎地域の 3 つに分け、工業の分散を中心課題とするとともに、「工業の適正な配分は開発効果の高いものから順次集中的に」行うものとされ、拠点開発方式が採用された（50年史、p.81）。基本は産業立地論におかれ、国内資源を全部切り捨て、輸入資源を臨海部で加工、処理することに転換、そのために東京湾、伊勢湾、瀬戸内海が選択された。この太平洋ベルト地帯構想に対し、地域開発政策のための全国的な工業配置が要請され、1962年に新産業都市建設促進法、続いて工業整備地域整備促進法が制定された。目標年次は昭和45（1970）年、計画期間は 8 年とされたが、これは「国民所得倍増計画」（昭和36（1961）～同45（1970）年）に合わせたものであった。長期を要する国土計画にとって、経済計画の中では異例ともされた10年計画である「国民所得倍増計画」のフレームは好ましいものでもあった。その一方で、「国民所得倍増計画」で目標とした10年間で国民所得 2 倍は、実績として実質で2.3倍、名目で3.7倍と上回ったため、インフラ整備が追い付かず、環境問題に直面することとなった。この点からも一全総では日本列島の骨格を作る交通・通信計画が大きなテーマとされたのである。

　下河辺氏は一全総は総括的に成功としている（下河辺、p.93）が[10]、経済成長のテンポが速すぎた結果、巨大都市への人口集中[11]ということで、昭和39（1964）年頃から計画と実態の乖離が認識され、新しい国

---

(10)　その一方で、角本良平教授は国土総合開発法が「開発」と「保全」の矛盾を含んでいるとし、全総計画は地域の特殊性を捨象し、歴史を無視していると批判している（角本良平『交通の風土性と歴史性―四全総から規制緩和まで―』（1988年 1 月、白桃書房）第 3 章）。

(11)　下河辺氏は日本の高度成長期ぐらい、工業再配置の成功、社会資本の先行投資（有効需要の創出）、地方交付税の再分配効果により、地域格差が縮小したことは世界に類例がないとしている（下河辺、p.92）が、その一方で人口構造は過密・過疎が色濃くなったのである。

表1-2 全国総合開発計画の比較

	全国総合開発計画 （全総）	新全国総合開発計画 （新全総）
閣議決定	昭和37年10月5日	昭和44年5月30日
策定時の内閣	池田内閣	佐藤内閣
背景	1 高度経済成長への移行 2 過大都市問題、所得格差の拡大 3 所得倍増計画（太平洋ベルト地帯構想）	1 高度成長経済 2 人口、産業の大都市集中 3 情報化、国際化、技術革新の進展
長期構想	—	
目標年次	昭和45年	昭和60年
基本目標	〈地域間の均衡ある発展〉 都市の過大化による生産面・生活面の諸問題、地域による生産性の格差について、国民経済的視点からの総合的解決を図る。	〈豊かな環境の創造〉 基本的課題を調和しつつ、高福祉社会を目ざして、人間のための豊かな環境を創造する。
基本的課題	1 都心の過大化の防止と地域格差の是正 2 自然資源の有効利用 3 資本、労働、技術等の諸資源の適切な地域配分	1 長期にわたる人間と自然との調和、自然の恒久的保護、保存 2 開発の基礎条件整備による開発可能性の全国土への拡大均衡化 3 地域特性を活かした開発整備による国土利用の再編成と効率化 4 安全、快適、文化的環境条件の整備保全
開発方式等	〈拠点開発構想〉 目標達成のため工業の分散を図ることが必要であり、東京等の既成大集積と関連させつつ開発拠点を配置し、交通通信施設によりこれを有機的に連絡させ相互に影響させると同時に、周辺地域の特性を生かしながら連鎖反応的に開発をすすめ、地域間の均衡ある発展を実現する。	〈大規模プロジェクト構想〉 新幹線、高速道路等のネットワークを整備し、大規模プロジェクトを推進することにより、国土利用の偏在を是正し、過密過疎、地域格差を解消する。
投資規模	「国民所得倍増計画」における投資額に対応	昭和41年から昭和60年 約130〜170兆円 累積政府固定投資（昭和40年価格）

出典：国土交通省ホームページ

第三次全国総合開発計画 （三全総）	第四次全国総合開発計画 （四全総）	21世紀の国土の グランドデザイン
昭和52年11月 4 日	昭和62年 6 月30日	平成10年 3 月31日
福田内閣	中曽根内閣	橋本内閣
1　安定成長経済 2　人口、産業の地方分散の兆し 3　国土資源、エネルギー等の有限性の顕在化	1　人口、諸機能の東京一極集中 2　産業構造の急速な変化等により、地方圏での雇用問題の深刻化 3　本格的国際化の進展	1　地球時代（地球環境問題、大戦争、アジア諸国との交流） 2　人口減少・高齢化時代 3　高度情報化時代
—	—	「21世紀の国土のグランドデザイン」一極一軸型から多軸型国土構造へ
昭和52年からおおむね10年間	おおむね平成12年（2000年）	平成22年から27年（2010−2015年）
〈人間居住の総合的環境の整備〉 限られた国土資源を前提として、地域特性を生かしつつ、歴史的、伝統的文化に根ざし、人間と自然との調和のとれた安定感のある健康で文化的な人間居住の総合的環境を計画的に整備する。	〈多極分散型国土の構築〉 安全でうるおいのある国土の上に、特色ある機能を有する多くの極が成立し、特定の地域への人口や経済機能、行政機能等諸機能の過度の集中がなく地域間、国際間で相互に補完、触発しあいながら交流している国土を形成する。	〈多軸型国土構造形成の基礎づくり〉 多軸型国土構造の形成を目指す「21世紀の国土のグランドデザイン」実現の基礎を築く。 地域の選択と責任に基づく地域づくりの重視。
1　居住環境の総合的整備 2　国土の保全と利用 3　経済社会の新しい変化への対応	1　定住と交流による地域の活性化 2　国際化と世界都市機能の再編成 3　安全で質の高い国土環境の整備	1　自立の促進と誇りの持てる地域の創造 2　国土の安全と暮らしの安心の確保 3　恵み豊かな自然の享受と継承 4　活力ある経済社会の構築 5　世界に開かれた国土の形成
〈定住構想〉 大都市への人口と産業の集中を抑制する一方、地方を振興し、過密過疎問題に対処しながら、全国土の利用の均衡を図りつつ人間居住の総合的環境の形成を図る。	〈交流ネットワーク構想〉 多極分散型国土を構築するため、①地域の特性を生かしつつ、創意と工夫により地域整備を推進、②基幹的交通、情報・通信体系の整備を国自らあるいは国の先導的な指針に基づき全国にわたって推進、③多様な交流の機会を国、地方、民間諸団体の連携により形成。	〈参加と連携〉 —多様な主体の参加と地域連携による国土づくり— （4つの戦略） 1　多自然居住地域（小都市、農山漁村、中山間地域等）の創造 2　大都市のリノベーション（大都市空間の修復、更新、有効活用） 3　地域連携軸（軸状に連なる地域連携のまとまり）の展開 4　広域国際交流圏（世界的な交流機能を有する圏域）の形成。
昭和51年から昭和65年 約370兆円 累積政府投資（昭和50年価格）	昭和61年度から平成12年度 1,000兆円程度 公、民による累積国土基盤投資（昭和55年価格）	投資総額を示さず、投資の重点化、効率化の方向を提示

土開発の指針として昭和44（1965）年5月に新全総が閣議決定されることとなった。その特徴として

① 計画の目標を昭和60（1985）年に置く20ヶ年計画としていること、
② 開発戦略として大規模開発プロジェクト方式であったこと、
③ 地域開発の基礎単位としての広域生活圏構想であったこと

が挙げられる。②の大規模開発プロジェクトは、(i)日本列島全域にその効果の及ぶ新ネットワークの形成に関するもの、(ii)農業、工業、流通、観光基地等の大規模産業開発プロジェクト、(iii)自然・歴史・居住の保護保全、国土の保安および水資源開発等の環境保全に係る大規模プロジェクトの3つから成っていた。

　新全総とのかかわりが話題とされたのが田中角栄首相（当時通産相）の『日本列島改造論』であった。新全総が列島改造時代の国土計画といわれた由縁でもある。両者の関係についてはすでに先に示しておいたとおりであるが、田中首相の改造論は結局は実施されなかった。新全総の中心は大規模工業基地、交通・通信ネットワークにおかれて、従来は中枢管理機能といわれていた情報化が初めて閣議決定されたのもこの時であった。交通に関しては、一全総の鉄道では国鉄複線化・電化、道路では一般国道の整備であったものが、新全総ではそれぞれ新幹線、高速道路となったということからも、新全総は（高速）交通の計画ともいわれたほどである。

　新全総を担当していた経済企画庁で昭和47（1972）年から同52（1977）年にかけて総点検作業が行われ、その結果として昭和52（1977）年に三全総に移ることとなった。その間2度の石油危機があり、新たに国土庁が設置（1974年）され、三全総からは国土庁が所管官庁となったのである。

　三全総は新全総の計画期間満了前に策定され、国土庁が設置される由となるものとの繋がりを持った計画で、市町村の主体性の尊重、作業プロセスで文化人を招集したのも特色であった。定住圏構想と田園都市国家構想が謳われたのである。

　三全総に対して昭和62（1897）年に策定された四全総は多極分散型国土形成がテーマとされ、具体的には3,300の市町村の活性化、三全総を引き継いだ形での環境論、東京論が中心とされた。三全総での文化人の役割に比し、四全総ではテクノロジーの専門家が多く登用されたのも、両計画での違いである。

　1-2で示した「経済計画における総合交通体系」での記述と同様、本書の焦点が昭和46（1971）年の運輸政策審議会答申に当てられるという経緯から、時系列的には国土計画についても一全総、新全総が主たる関心事となる。とりわけ各所の総合交通体系論が目標年次としていた昭和60（1985）年が新全総でも同様であったこともあり、交通政策論としては新全総が注目されることから、次項では新全総の交通の該当箇所に着目することとする。

(3)　「新全国総合開発計画」における交通体系整備に関する構想

　新全総は一全総策定後の7年間での経済社会の大きな変化に対処する必要性から昭和44（1969）年にスタートすることになった。同計画の目標年次は昭和60（1985）年とされ、将来の日本の経済社会を考えながら、国土利用の基本的方向を明らかにし、具体的なプロジェクトの推進を通しての飛躍的発展を図ることが意図された。一全総から四全総までの30年の歴史の中では、社会的にも最もインパクトを与えた計画であったといってよいであろう。

　新全総に関しては

宮崎仁編『新全国総合開発計画の解説』（1969年 6 月、日本経済新聞
　　社）

が有用である。同書は新全総の全文の収録（p.197～284）を含め、事務
局を務めた経済企画庁総合開発局の担当者ならではの解説がなされてい
ることから、同計画で意図された内容を把握する上でも利用価値の高い
ものある。新全総全文の構成は

　　前文
　　第一部　国土総合開発の基本計画
　　第二部　地方別総合開発の基本構造
　　第三部　計画のための手段

となっている。交通体系は、計画の意義、開発方式、計画のフレーム、
計画の主要課題、大規開発プロジェクトの 5 項目から成る第一部の計画
の主要課題の中で論じられている。国土開発の新骨格の建設として、
「新ネットワークの形成は情報化、高速化という新たな視点から、国土
利用の抜本的再編を図るため、データ通信、ジェット航空機、新幹線鉄
道、高速道路、高速コンテナ船等の高速高能率流通技術を駆使して、開
発可能性を全国土に拡大するように進めること」とされている。「具体
的には首都東京をはじめ、中枢管理機能の大集積地である札幌、仙台、
名古屋、大阪、広島、福岡を結びながら、全国の地方中核都市を連結
し、さらにこれらの都市の一次圏内のサブネットワークを通して、日本
列島の全域にその効果を及ぼすように、新ネットワークを形成する」、
「高速交通施設に関しては札幌、東京、大阪、福岡の基幹空港、札幌～
福岡間約2,000kmの高速道路、新幹線鉄道の建設を計画実施するほか、
7 大中核都市関連港湾の整備を図る」としている。そこには総合交通体

系という用語は見い出せないが、「新ネットワークは……高速交通体系を密接に関連させながら……総合的に形成されなければならない。」と記されていることに、その含意を汲み取るべきかもしれない（筆者）。

　計画のフレームの昭和60（1985）年の総人口 1 億2,000万人、GNP130～150兆円（昭和40（1965）年価格）、20年間の累積固定資本形成450～550兆円、旅客輸送数743億人、 1 兆2,180億人キロ、貨物輸送量89億トン、7,240億トンキロであり、開発方式は一全総の拠点開発方式に対して、交通の大型プロジェクトに代表される大規模プロジェクト方式であった。

　20年計画であった新全総が策定後 8 年で昭和52（1977）年に三全総に変更されたのは、 2 度にわたる石油危機の影響であった。財政計画が根本的な変更に迫られ、経済計画も縮小を余儀なくされたことで、国土計画担当者にとってはやむを得なかったともいえよう（下河辺、p.145）。

　ともあれ、高速交通体系を謳った新全総は昭和46（1971）年の総合交通体系論議に少なからざる影響を与えたことは確かであろう。

第**2**章

運輸経済懇談会から
運輸政策審議会へ

運輸政策審議会（運政審）の名称は知られているが、その前身ともいえる運輸経済懇談会（運懇）を知る人は今日では限られている。運懇での議論は総合交通体系論の実質的出発点となったものであることから、それが忘れ去られるとしたら、今後この種の交通政策の追跡に禍根を残すことにもなりかねない。その意味でも、運懇での議論の方向を辿り、運懇を継承した運政審が昭和46（1971）年答申（46答申）を出す前の2つの中間報告との関係を整理しておくことが必要である。中間報告では総合交通体系の理想形としての「青い鳥」論が登場していたのである。

「総合」ということから、定量分析としての「総合交通モデル」が検討されていたのでその跡を振り返り、当時からこれに関連しては理論・実証両面の先端的研究がなされていたことを、運輸省、建設省での成果等から示しておきたい。

2-1　運輸経済懇談会

（1）　運輸経済懇談会の設置

これまでの交通政策が個別交通機関を対象としたものが多かったこと、昭和40年代に入り交通の主要所管官庁である運輸省に従来の許認可行政を政策行政に転換させていくことの必要性が高まったこと等を背景に、縦割り行政から横断的な行政指針の作成のターニング・ポイントの役割を期待して設置されたのが運輸経済懇談会（以下、運懇と略称）であった。

運懇は公的な諮問機関としての性格を持たない懇談会として1967（昭和42）年4月に設立されたが、運輸省（大臣官房）が事務局を務めたこと、2年間の活動後は運輸政策審議会（以下、運政審と略称）に発展的に継承されたことから、単なる私的懇談会と位置付けるのは適切ではな

い。多分に公的色彩が強かったものと解釈すべきであろう。第 1 回総会
における大橋武夫運輸大臣の挨拶は

① 運輸省内の既存の各種審議会がおおむね縦割りの事項の審議機
関であって、各部門を横に眺めて、運輸行政の総合的な運営方
針について審議するに適しない性格のものであること、

② しかるに、運輸省の当面する重要課題、たとえば物的流通の近
代化、大都市交通問題などは、いずれも部門間の相互調整や、
総合的な推進方向の確定を必要とするものであること、

③ よって、このような要請に応えるため、幅の広い協議の場を設
け、各界有識者の高次な意見を求めて、これを行政の基本的方
針策定に際の基準としたい

と要約されるが、運懇の設立目的はまさにこれらの意図に集約されてい
る。

運懇は学界・言論界・経済界の有識者20名の委員から構成され——公
式文書での表記——、そのメンバーは表2-1に示すとおりであるとされ、
同表では21名が記されている。20名と21名の差については、第 1 回総
会（後述）で互選された中山伊知郎座長をここでの委員としてカウント
しないのか——そのように類推するのはいささか不自然であるが——、
大原総一郎委員が1968（昭和43）年 7 月に死去していることを考慮した
ためなのかは定かではない。なお、同メンバーのうち大学の専任教員と
して交通を専門に講じていたのは今野源八郎、島田孝一、谷藤正三の各
委員を数えるに過ぎない。いかに幅広い領域からの人選であったのかを
物語っているともいえる。

運懇は懇談会という性格上からなのか、最終答申なるものは出してい
ないが、中間報告、議論・検討に付された各種資料が

表2-1　運輸経済懇談会委員名簿

（五十音順）

座　長	中山	伊知郎	一橋大学名誉教授
委　員	荒木	茂久二	昭和海運社長
	植村	甲午郎	経済団体連合会会長
	大木	穆彦	朝日新聞論説委員
	大来	佐武部	日本経済研究センター理事長
	大原	総一郎	倉敷レイヨン社長（昭和43年7月死去）
	加田	純一	読売新聞論説参与
	工藤	昭四郎	東京都民銀行頭取
	権田	良彦	山九運輸機工副社長
	今野	源八郎	東京大学名誉教授
	島田	孝一	早稲田大学名誉教授
	志村	富寿	毎日新聞論説委員
	谷藤	正三	日本大学教授
	丹下	健三	東京大学教授
	都留	重人	一橋大学教授
	中川	順	日本経済新聞編集局長
	永野	重雄	富士製鉄社長
	中山	素平	日本興業銀行会長
	二宮	善基	経済同友会地域開発委員長 東洋曹達工業社長 （現在 座長）
	平田	敬一郎	日本電子計算開発協会会長 （現在 日木経営情報開発協会理事長）
	宮崎	一雄	日本長期信用銀行頭取

出典：運輸経済研究センター『物流革新の方向』p.13〜14

　運輸省監修『物流革新の方向―運輸経済懇談会の記録―』（1969年8月、運輸経済研究センター）

　同　『これからの都市交通の方向―運輸経済懇談会の記録―』（1969年9月、運輸経済研究センター）

に収録されているのは、後学のためにも幸いなことであった。近年、こ

表2-2　運輸経済懇談会主査および専門委員名簿

（五十音順）

（物的流通）			
主　　査	都留　重人	一橋大学教授	
専門委員	東　　憲一	日本開発銀行企画室長 （現在　都市開発部長）	
	岡野　行秀 （42年10月より）	東京大学助教授	
	田沢　喜重郎	日本長期信用銀行調査部次長 （現在　融資業務部業務開発次長）	
	中西　　睦	早稲田大学助教授 （現在　教授）	
	林　　周二 （43年 5 月より）	東京大学教授	
	広岡　治哉	法政大学助教授	
（都市交通）			
主　　査	大来　佐武郎	日本経済研究センター理事長	
専門委員	岡野　行秀	東京大学助教授	
	角木　良平	交通評論家	
	酒井　辛一 （43年 3 月より）	経済同友会土地問題専門委員	
	八幡　輝雄	日本興業銀行調査部次長 （現在　調査部長）	
	吉田　達男	日本開発銀行総務部副長 （現在　総務部企画室長）	

出典：表2-1と同様　p.14〜15

　の類の資料が散逸されがちな中で、この 2 冊により半世紀以上も前に行われた議論の経過、検討内容が辿りうるからである。本節での以下の記述、とりわけ2-1の(2)、(3)もこの 2 冊をベースにするものである。

　運懇は全メンバーが参加する総会と、物的流通問題、都市交通問題を扱う 2 つの専門委員会により構成された。 2 つの専門委員会は第 1 回総会でその設置が決定され、物的流通問題では主査に都留重人委員、都市交通問題では大来佐武郎委員が座長により推薦され、専門委員には表2-2の各氏が当たることとなった。運懇に設置されたのはこの 2 つの専

門委員会だけであったが、先に触れたように、運輸省が政策官庁に脱皮する上では特定の部局を超えた領域での議論が必要であり、そのためには物的流通と都市交通の2つが検討テーマとして適しているとの判断によるものであろう。

　総会は昭和42（1967）年4月27日の第1回から昭和44（1969）年3月27日の第12回まで開かれ、物的流通ワーキング・グループ（WG）は昭和42（1967）年6月6日の第1回から昭和44（1969）年3月20日の第22回まで、都市交通のWGは昭和42（1967）年6月6日の第1回から昭和44（1969）年2月25日の第24回までと頻繁に会合を持った。これらの審議経過はそれぞれ表2-3、表2-4に示されるとおりであるが、回数、日時に関しては上記出版物での記述内容とは一致しない箇所も散見される。なお、表2-3は物的流通、表2-4は都市交通に関してのみのものである。各々の専門委員会の扱いは当該委員会に関してのみだが、運輸経済懇談会（物的流通）審議経過とある内容は総会での物的流通専門委員会に関してだけのことであり、この事情は都市交通に関しても同様である。

(2)　物的流通専門委員会の動向

　表2-3、表2-4に示されているように、物的流通専門委員会、都市交通専門委員会には各々物的流通WG、都市交通WGの名称が用いられていることから、専門委員会の下に別途WGを設置したのではなく、専門委員会そのものがWGであり、その作業結果を総会に提出、審議に付すという形式をとっていたものと解釈される。当該WGには専門委員はもとより、資料収集・整理に当たる事務局の精鋭な作業部隊の人々も入っていたものと推測するのが自然であろう。

　運輸省監修の『物的流通の方向』は

　　まえがき

表2-3　運輸経済懇談会（物的流通）審議経過

回	開催日	審　議　事　項
1	42.4.27	物的流通の現状検討・問題提起
2	42.5.26	物的流通問題の検討事項の整理
3	42.7.7	物的流通問題の検討の進め方についての打合せ
4	42.9.14	1.　流通技術の改善進歩に関する調査報告の検討 2.　物的流通費に関する調査報告の検討
5	42.12.5	ワーキング・グループ中間報告 「経済発震と物的流通革新」の審議
6	43.3.13	1.　京浜葉～阪神間をモデルにした輸送需要の見通しと新流通方式の導入 　　についての検討 2.　協同一貫輸送における一貫運送取扱い問題の検討
7	43.3.29	1.　輸送需要の見通しと新流通方式の導入についての検討 2.　協同一貫輸送における一貫運送取扱い問題の検討
8	43.6.18	1.　国鉄輸送の現状検討 2.　総合的な交通体系に占める国鉄輸送のあり方の検討
9	43.7.5	ワーキング・グループ中間報告「協同一貫輸送にかかわるターミナル問題の検討」の審議
10	43.10.8	総合的な交通体係に占める国鉄輸送のあり方の検討
12	44.3.27	ワーキング・グループ中間報告「通運問題の検討」の審議

出典：表2-1と同様　p.22

表2-4　運輸経済懇談会（都市交通）審議経過

回	開催日	審　議　事　項
1	42.4.27	都市交通の現状検討、問題提起
2	42.5.26	都市交通問題の検討事項の整理
3	42.7.7	都市交通問題の検討の進め方について
4	42.9.14	人口および通勤通学人口の想定について
5	42.12.5	ワーキング・グループ中間報告「首都圏における交通体系のあり方」の審議
6	43.3.13	都市再開発と都市交通について　　開発利益の還元について
7	43.3.29	大都市交通対策について
9	43.7.5	ワーキング・グループ中間報告「首都圏における都市構造改革の方向と交通体系に関する長期構想」の審議
11	44.2.28	ワーキング・グループ中間報告「大都市周辺部開拓と鉄道の整備を中心とする総合的交通体系実現の基本方向」の審議

出典：運輸経済研究センター『これからの都市交通の方向』　p.20

から構成されている。物的流通専門委員会――WGでもある――は3つの中間報告を出しているが、それらは同書の第2章に収録されている。同専門委員会での検討結果の中核部分を占める成果である。総会、物的流通WGでの検討に用いられた資料は第3章、第4章に収められており、資料としての利用価値は高い。ここまで多くの資料は、今日振り返ると、当時としては貴重なものであったといってよい。第5章で「国鉄財政再建推進会議関係資料等」が、なぜ物的流通専門委員会の中で扱われているのか、事後的には幾分異質ではないのかとも思われるが、この事情に関しては3つの中間報告との関連で後述することとする。

　第1次中間報告は「経済発展と物的流通革新」で第5回総会（1967年12月5日）にて審議された。協同一貫輸送と専用輸送が2本柱であった。第2次中間報告は各モードを集約した複合ターミナル構想が柱である「協同一貫輸送にかかわるターミナル問題の検討」で、第9回総会（1968年7月5日）で審議された。ここまでは確かに物流革新の方向を示すものと理解されるが、第3次中間報告「通運問題の検討」は、その対象が端末の輸配送という側面ではまさしく物流と直に関連するものであるが、主として幹線輸送を担う国鉄が当時経営赤字の深刻化対策としての財政再建問題に切実に迫られていたことと深く関係せざるをえないためとは推論されるものの、第3次中間報告で扱うのはいささか物流の

次元を超えていたのではなかったのかと思われるのである。

①第 1 次中間報告

　物的流通 WG の纏めた第 1 次中間報告は 4 項目で構成されている。

　「1　経済成長と物的流通」では、経済成長が物的流通に量的拡大と質的向上の 2 つの要請をもたらすこと、輸送の水準が相対的に遅れをみせていること、昭和30年代の経済成長が輸送革新を必要としたが十分に対応したとはいい難く、第 3 次輸送革命の入り口にようやく到達しようとした水準であったことが記されている。

　「2　現在の物的流通革新の意義」では、世界の輸送革命の歴史を、①第 1 次（19世紀初頭以降）、②第 2 次（20世紀前半以降）、③第 3 次（最近）と辿り、第 3 次輸送革命が intermodal なシステム輸送が主眼となり先進国で開花しようとしているが、わが国では未だほとんど進展していないと、わが国の状況を位置付けている。この認識から「今後 5 ～10 年間のわが国における物的流通革新の主眼は、包装・荷役の近代化および情報機能の革新を媒体とする intermodal な輸送の組織化と（世界の第 2 次輸送革命での）specialization の一層の推進であるといえるであろう」としている。その上で将来の運輸技術の革新として、ジャンボ・ジェット、SST および超大型タンカー等の普及としているが、ちなみに SST の商業運航は現在でも一般化していない。将来予測の難しさが垣間みられる例ともいえよう。

　「3　今後の物的流通革新における考え方と諸問題」では、輸送界においては技術進歩の形は新技術が在来技術を駆逐するという形ではなく、在来技術に新技術が加わるといういわば重層的進歩の形をとっているので、どの輸送機関をどのように組み合わせることが最も合理的かを追究することが重要となり、その具体的進め方を誰がどのように行うのかが大きな問題とされている。考え方として国主導型、民間主導型があ

り、後者を基本とすべきとしているが、この場合でも国の有効な指導と助成がかなりの程度必要であるとしている。今日的に振り返っても、国の有効な指導とは何か、助成の基準は何かが具体的に問われるべきではなかったかとも思われるが、これは運政審マターを超えたものとの判断からであろうか。

　資金の確保、労働力の確保の必要性の一般論を説いた上で、intermodalな輸送組織およびspecializationを促進する上での制約ないし障害となるような外的諸条件および特殊問題として、①社会資本の未整備、②社会経済的な条件の未整備、③制度的条件の未整備を挙げ、整備が進んでいない理由を列挙している。その課題解決には、①政府全体の仕事、②民間の産業界ないし企業の仕事、③政府と民間の仕事、に大別しているが、ここでも具体的指針は示されていない。

　「4　物的流通革新の促進要因」では、今後10年程度は物的流通革新を取り巻く社会経済的背景（大量生産・大量消費の大幅な進行、労働力不足の進行、物価安定に対する要請の増大、外国資本の圧力等）を展望すれば、この10年間が物的流通革新を実現する絶好の機会であると結んでいる。

　第1次中間報告は当時（1967年）の認識としては、これまでにはなかった新しい内容を示したものと考えてよいであろう。

②第2次中間報告

　第2次中間報告では、豊富な関連資料を添えた次の1〜6までの6項目が示されている。

　「1　協同一貫輸送の推進」は文言上実質的には運懇物的流通WGにより初めて提唱されたもので、各輸送機関間の協同体制の下で主として中距離輸送における雑貨（general cargo）輸送の近代化促進を意図したものであった。協同一貫輸送という言葉そのものはこれ以前では明示的に登場していなかったが、その実態は本質的に新しいものであったと判

断されにくい――暗黙裡には従来から行われていたと考えられる――ものの、コロンブスの卵ではないが、用語の新鮮味は相応に評価されてしかるべきであろう。問題は従来の形態がどのように新たになったのかを説明することである。

　自動車‐船舶‐自動車、自動車‐鉄道‐自動車、自動車‐船舶‐鉄道‐自動車、自動車‐航空機‐自動車等の異なる輸送手段を用いて一貫したシステム輸送の実現を志向する協同一貫輸送が実施されうるための鍵であるターミナル機能を論じた「2　ターミナル問題の重要性」では、従来の(イ)積み替えターミナル、(ロ)混載ターミナル（フレート・ステーション）、(ハ)配送センター（ストックポイント）と分類し、(イ)を第一義的機能、(ロ)を欠かすことのできない機能、(ハ)も補助的機能として付加すべきとし、「3　複合ターミナル構想」を示している。立地場所による複合ターミナルの想像図は図2-1に示すとおりであり、(イ)混載業務の一元化、(ロ)集配業務の一元化、(ハ)ストックポイント機能による輸送活動と保管活動との合理的結合、(ニ)情報サービスの提供、に大きく寄与するとしている。ただし、提案された複合ターミナルを運送事業者がどのように評価し、その実現を切望し、実際に活用するのかという肝心な点には踏み込んでいない。提案された段階としては、致し方ないことなのかもしれない。

　「4　雑貨輸送の体系」では将来図が示されている。鉄道では一般雑貨を扱う鉄道貨物駅は大幅に集約され、現存の約2,900が5トンコンテナ扱い駅で150〜200程度、大型コンテナ扱い駅は10数程度の設置となり、駅間直行列車の採用が効率的であるとしている。内航海運では大量集散港（原文ママ）間を結ぶルートとして、東京湾と大阪湾および北九州地方を結ぶルート、瀬戸内海沿岸を結ぶルート、北海道と東京湾および大阪湾を結ぶルートが想定され、これらのルートには高速コンテナ船、高速フェリーの運航がなされるとしている。貨物自動車では大型トレーラ方式の普及により、概ね300km以内の雑貨輸送が主導的な地位

図2-1　複合ターミナル想像図

臨海部立地型の複合ターミナル

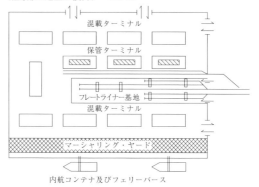

内陸部立地型の複合ターミナル

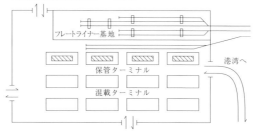

臨海部立地型で鉄道施設のない複合ターミナル

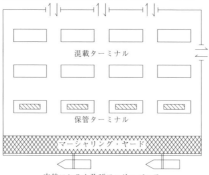

図2-1　複合ターミナル想像図（続き）

臨海部立地型の国際貨物を含めた複合ターミナル

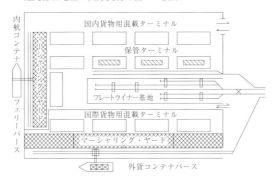

複合ターミナルの道路および鉄道取付図

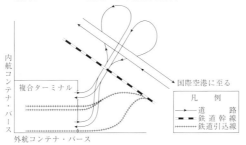

出典：表2-1と同様　p.55〜57

を占め、300〜500kmの分野では自動車輸送と協同一貫輸送が競合、500km以上では自動車の単独運行形態よりも鉄道、船舶との協同一貫輸送が主体的になるとしている。ただし、協同一貫輸送への需要が期待しえない地方の中小都市などにおいては、かなりの長距離であってもなお自動車輸送が主導的な立場を維持するであろうとしている。航空では高級貨物でのかなりの進展を見込んでいる。

　「5　雑貨ターミナルの配置」では概ね人口50万人以上の大都市では

複合ターミナルの配置、その他の地方都市では自動車ターミナルの整備に重点が置かれるものとしている。

その上で「6　複合ターミナルにかかわる諸問題」として、①流通団地の建設に当たっては、施設の有機的連携に留意して立地条件等が許す限り複合ターミナルの導入が望ましいこと、②複合ターミナルと商業取引流通（原文ママ）は用地確保の難易、連絡道路の整備状況等との照合で、個別にその是非を考えていくべきこと、③複合ターミナルの建設主体では、特殊会社、公団方式等、公的機関を設立して建設方策を検討することが必要であること、④複合ターミナルの運営主体は複数の適正規模事業者間の公正な競争環境を整えるべきであること、⑤道路の整備では主要道路とターミナルを結ぶ連絡道路の整備が絶対条件であること、の5点が挙げられている。

以上の第2次中間報告の末尾には参考資料として本文の背景となる基礎的統計、WG作成による新流通方式に関連する図表が添えられており、これらは当時としては目新しいものであったとして、その後の物流研究では先駆的なものとして少なからず参照されてきたのである。

③第3次中間報告

前述のように第3次中間報告は第1次、第2次とはいささか様相を異にしていたとの印象が、少なくとも筆者には拭えない。

同報告書の構成は

　はじめに
　1　通運事業の周辺
　　(1)通運事業の沿革
　　(2)鉄道輸送と長距離トラック輸送との競合関係
　　(3)国民経済的観点からの要請

となっている。貨物輸送においても鉄道独占の時代からトラックとの競争状態に移っている現実に同中間報告の1-(3)でその対応の視点が示され、国民経済的観点に立つ合理的な輸送分担の中での通運のあり方とともに、物流革新との関連が記述されている。第 1 次中間報告で示された専用輸送と協同一貫輸送という 2 つの革新的輸送技術の中で鉄道・通運もこれに順応、脱皮していかねばならないと説かれている。いい換えれば、第 1 次、第 2 次中間報告との関連はここに簡単に示されているにすぎず、運懇の総会マターとなったのであればともかく、物的流通専門委員会が実質的に国鉄問題に踏み込んでいった理由は定かではない。WGの作業、経緯を示記録した『物流革新の方向』では「WGは1968年8 月以降、国鉄財政再建推進会議第 1 部会の作業を行っており、わが国の交通体系に占める国鉄の役割について纏めた」と説明されている（p.20）。国鉄財政再建推進会議第 1 部会の部会長に、運懇の物的流

通専門委員会の主査である都留重人教授が就任、第1部会のWGには運懇の専門委員全員が参加とある（同、運輸省大臣官房によるまえがき）ことから、物的流通専門委員会の独立性が問われることになるのではなかろうか。運輸省大臣官房流通企画室の説明では、「国鉄財政再建推進会議第1部会の審議事項が総合交通体系に占める国鉄の役割を中心としたものであったことから、これは運懇のテーマそのものであり、事実上両諮問機関の共同審議となったからである」（同、まえがき）とされている。運懇が公的な諮問機関としての性格を持たないとされていたこととの関係はどう解釈すべきなのであろうか。

第3次中間報告は、文言上は中間報告とされているものの、実質的にはほぼ最終結論と位置付けられた通運業務は、今後の国鉄貨物輸送が

(イ) 大量定形貨物については、物資別専用輸送

(ロ) 一般貨物については、フレートライナーまたはコンテナ輸送

(ハ) 近代化輸送への転移によって減少傾向を辿るとしてもなお長期にわたって相当程度残ると思われる在来型の輸送

と大別される中で、(イ)の輸送は取扱業としての通運事業の役割はなくなる、(ロ)の輸送についてはその集荷力を十分活用することが期待される、(ハ)の輸送では従来通りの担当分野となるが、今後の労働力需給のひっ迫に伴い、荷役の近代化、事務の合理化等が必要とされる、と位置付けられているのである。

なお、運懇自体は1969年3月27日の総会で閉幕、同年9月11日発足の運輸政策審議会に発展的に継承されている[1]が、その後の1970年6

（1） この記述は運輸経済懇談会での中間報告、関連資料を纏めた1969年8月、9月の2冊の刊行物（本章2-1(1)で言及）のうち、後者である9月の『これから

月 9 日に

　　運輸政策懇談会物的流通部会中間報告「物流近代システム化へのみ
　　ち―昭和60年のわが国物的流通の姿を目指して―」

が出されている。①昭和60（1985）年のわが国経済社会像に対応する物
流の姿、②政策課題として現状延長型ではなく将来対応型、という二本
柱から成る同報告書は、その第 4 章で「物流システム化の考え方、進め
方」として物流システム化を具体的に論じ、第 5 章で「この際とり上げ
るべきシステム政策の検討」を示していることが影響したのであろう
か、当時の物流関係者の間ではかなり話題とされたようである。運輸政
策審議会での議論がシステム志向であったことも影響しているのかもし
れない。運輸政策懇談会なる名称が運懇のことなのか、運政審のことな
のかは不明だが、運懇閉幕後での中間報告とされていることで、発表さ
れた日付の問題に限れば発表主体の点で疑問も残るものの、運懇物的流
通部会は実質的には運輸政策審議会物的流通部会関連として運懇閉幕後
も活動を続けていたものと推測されるのである[2]。

の都市交通の方向』p.350による。この限りでは運輸省、運輸経済研究センター
の当時の公の記録であるが、文中運輸政策審議会とすべきところを運輸経済懇
談会と転記ミス（2 ヶ所）していると推測される。運輸政策審議会の発足は正
式には、諮問から 1 年有余、40回の審議を重ねた結果、答申が出されたことか
ら、1970年 6 月と考えるべきであろう。
（2）　1970年12月25日の運輸政策審議会「総合交通体系に関する中間報告―その 1
　　―」の第 2 章第 3 節の論述の中で、「ノード機能」を説明する脚注として、運輸
　　政策懇談会報告「物流システム化へのみち」（1970年 6 月）参照と明記されてい
　　る。さらに結節点施設の価格体系の設定においても「物流システム化へのみち」
　　を参照のこととされているのである。

（3）　都市交通専門委員会の動向

運輸省監修の『これからの都市交通の動向』は

まえがき
第 1 章　運輸経済懇談会について
第 2 章　中間報告
第 3 章　総会資料
第 4 章　WG 提出資料

から構成されており、形式は先に紹介した『物流革新の方向』にほぼ準拠している。ただし、『物流革新の方向』での第 5 章「国鉄財政再建推進会議関係資料等」に相当する章はなく、このことからも当該第 5 章の扱いが特殊なものであったと推察される。都市交通専門委員会（WG）も 3 つの中間報告を出している。それらは

第 1 次中間報告（1967年12月 5 日の第 5 回総会にて）「首都圏における交通体系のあり方」
第 2 次中間報告（1968年 7 月 5 日の第 9 回総会にて）「首都圏における都市構造改革の方向と交通体系に関する長期構想」
第 3 次中間報告（1969年 2 月28日の第11回総会にて）「大都市周辺部開発と鉄道の整備を中心とする総合的交通体系実現の基本方向」

である。

①第 1 次中間報告

都市交通WGは1967年 6 月 6 日から同年11月 7 日の間に 7 回の会合を開いたが、その中から大都市圏における通勤通学輸送を中心とする交

通体系の基本構想を纏めたものが第 1 次中間報告である。それらは

① 首都交通圏、京阪神交通圏の人口の伸びは昭和30（1955）年から40（1965）年の10年間でそれぞれ143％、121％、鉄道定期客の延びはそれぞれ235％、185％
② 人口の郊外化現象で通勤時間は漸次長くなる傾向
③ 通勤時における混雑率は一般的には250％〜300％
④ 一都三県への人口集中は昭和40（1965）年の2,100万人から60（1985）年には3,300万人に増加
⑤ 通勤混雑率を昭和46（1971）年度で240％、50（1975）年度で200％、60（1985）年度までに150％への緩和、通勤時間を概ね1時間以内にとどめることを目標
⑥ 東京の都市構造は各種機能（中枢管理機能、工業生産機能、流通機能、各種サービス機能（アミューズメント・ショッピングを含む）、教育・文化機能、住居・生活関連機能）に純化、機能に応じた再配置の促進
⑦ 新住宅都市の建設
⑧ 交通機関の整備とくに都市鉄道による通勤交通網の先行的整備
⑨ 中枢管理機能の集中する都心と、機能的に分散された地域とを高速鉄道で直結
⑩ 郊外地域と都心、副都心を高速鉄道で直結

とされている。これらにより将来の大都市交通圏の交通体系図を描いている（図2-2）。

　数字的裏付けの精度の点を別にすれば、文字どおりの基本構想であり、都市交通専門委員会での今後の検討の指針となるべきものである。なお、中間報告とタイトルは「首都圏における交通体系のあり方」とあ

図2-2　将来の大都市交通体系図

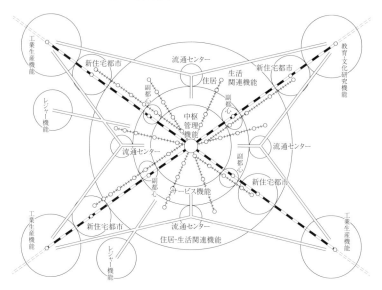

工業生産機能
新住宅都市
流通センター
教育・文化研究機能
生活関連機能
新住宅都市
住居
レジャー機能
副都心
中枢管理機能
副都心
流通センター
流通センター
副都心
新住宅都市
サービス機能
工業生産機能
新住宅都市
流通センター
工業生産機能
住居・生活関連機能
レジャー機能

出典：前掲『これからの都市交通の方向』　p.25

るが、示された内容では確かに首都圏を検討対象とはするものの、京阪神交通圏をも念頭においたものと理解してよいであろう。

②第2次中間報告

　第1次中間報告の後、都市交通WGは1967年12月26日から1968年6月14日までニュータウンの建設と交通、通勤高速鉄道の採算性および開発利益還元方式、都市再開発と郊外新開発の比較、首都圏の人口配置と交通体系、都市構造改革と交通体系についての検討を重ね、以下のような9項目を一応の結論として第2次中間報告に纏めている。

　　①　全国的に都市化の傾向は継続し、大都市圏への産業および人口の継続的な集中が予想され、昭和60（1985）年での首都圏（一

都七県）の人口は昭和43（1968）年の2,700万人から3,800万人
ないし4,000万人に達すると予想

②　集中対策には、各種の都市機能を広域的見地から適切に配置
し、一体的な都市圏機能の維持が大切。首都圏の都市対策の主
要課題は各種都市機能の配置とそれらの有機的結合を図る交通
体系の整備が必要

③　各種都市機能として中枢管理機能、工業生産機能、流通機能、
教育・文化・研究機能、各種サービス機能が挙げられ、その立
地、活性化を進めることが必要

④　鉄道の建設と新しい大規模なニュータウンの一体的建設には大
きな意義

⑤　郊外の新たな開発として、3,000ha前後の大規模なニュータウ
ンの積極的な建設と都心とを直結する通勤鉄道の一体的な建設
が必要、都市周辺部開発には交通の整備が必要、都区部では都
市機能の純化、職住近接の観点からの人口の一部吸収のため交
通と一体となった可能な限りの再開発の実施が必要

⑥　以上より各種都市機能の広域的展開から、埼玉県・千葉県・茨
城県南部の大幅な発展、従来伸びの大きかった神奈川県の人口
吸収力の漸次鈍化の予想

⑦　昭和60（1985）年度における東京都区部への流入人口は340〜
360万人と大幅な増加の予想。住宅地と都心を結ぶ通勤鉄道の
建設には約 2 兆円（年間平均1,000億円）、環状線の建設および
現在線の高架化、車両の改良等に 1 兆4,000億円、計 3 兆4,000
億円（年間平均1,700億円）が必要と想定

⑧　そのためには、長期低利の資金の確保等の国の積極的な助成、
交通インフラへの投資財源を最も効率的な輸送手段に重点使用
が必要。開発利益の還元、都心部事業所への課金も必要

⑨　開発利益の還元（吸収）方策として、㈤宅地分譲価格に組み入
れる方法、㈡沿線の土地から負担金（または税）を徴収する方
法、㈥沿線の土地の売買差益に対して課税する方法等が考えら
れるが、㈤が最も実効的な施策と判断

が指摘されている。ここでは少なからざる項目に角本良平委員が1966
年に発表した通勤新幹線構想[3]の影響が強く伺われるのである。開発
利益の還元策を活用した通勤新幹線と住宅都市の建設を一体的に行おう
という画期的な提案に都市交通専門委員会（角本氏自身も同委員会のメン
バー）が強く注目したからであろう。

　第2次中間報告の大筋が運懇総会で認められるのであれば、今後は当
面解決を迫られている路面交通の緩和策、公共交通機関の優先運行問
題、都市交通企業の経営問題等についての検討に進むとの予定が記され
ている。

③第3次中間報告

　第2次中間報告提出後、WGは1968年11月8日から1969年2月25日
までに8回の会合を重ね、鉄道、特に私鉄に焦点を当てた検討を行い、
以下のような「1〜4」に関する一応の結論を示した。

　最初の項目は「1　総合的都市交通体系に関する基本構想」で

①　都心部と副都心、副都心と周辺郊外部を有機的に連絡する交通

（3）　角本良平「通勤革命」、『中央公論』1966年1月号、その紹介として杉山雅洋
『交通学の足跡―角本良平の交通探索の旅路を辿る―』（2021年5月、流通経済
大学出版会）p.48〜57参照。なお、『これからの都市交通の方向』のp.17には
「交通の形態と輸送の効率化」の一つに「地価対策、宅地開発と交通―通勤高速
鉄道」の最初のメニューに角本構想として明記されている。

　　体系の整備、副都心その他所要の鉄道駅の周辺にバスターミナ
　　ル、タクシーベイを含む総合的なターミナルの整備の必要性、
　　自動車交通の増大に応じて道路・駐車場の整備と都心再開発を
　　並行して進める必要性

②　周辺部外部では都心部の通過交通を排除する上で、放射状ある
　　いは環状の道路、鉄道の整備の必要性、ニュータウン建設、周
　　辺部開発、都心部再開発等の方策の有効な組み合わせの必要性

が説かれている。次の「 2　鉄道整備プロジェクトとその実現上の諸問
題」として

①　最混雑区間 1 時間当たり140万人前後の輸送力を持つ通勤鉄道
　　建設の必要性

②　巨額の整備資金には利用者負担原則での運賃の適正化、国の積
　　極的な助成、開発利益の還元が必要、私鉄については運賃制
　　度、開発利益の還元方策、助成措置の工夫、新線建設について
　　は強力な財政措置、地下鉄については助成制度の強化・拡充、
　　立体化・高架化については都市施設の計画的整備の一環として
　　の対応等が課題

とされている。さらに「 3　路面交通について」では供給対策とともに
需要対策が必要であり、その課題は

①　大都市圏における道路交通の役割と整備のあり方では、路面交
　　通需要の抑制・分散を行い、大都市圏内の道路の重点的整備

②　総合ターミナルの建設主体と資金措置では、資金調達能力や採
　　算性の面から今後十分検討

③　都心部通行規制の具体的方法として、通行車規制のさらなる検
　　討
④　通勤高速バスでは、高速道路におけるバスの優先通行および安
　　全運行の確保策、副都心におけるターミナルの整備方策、大量
　　のバス運転手の確保等の検討

が必要であるとし、最後に「4　総合的都市交通法制の必要性」とし
て、効率的な都市交通（サービス）が確保されていないため、都市構造
の発展動向を見極め、各種都市機能の分散配置と相互関連の下に鉄道・
バス・乗用車の各種交通機関を適正に位置付けた総合的な都市交通計画
の策定、を指摘している。

　第1次、第2次中間報告を経ての第3次中間報告がWGの一応の結
論として纏められているが、半世紀近く前の時点で都市交通対策の基本
的メニューはほぼ網羅されていたと理解される。昨今話題とされるス
マート・モビリティにはその可能性を含めても言及されていないのは、
当時としては無理からぬところであるものの、具体的な方策は今後の検
討課題としている点が多い点で、報告類を纏めた運輸経済研究センター
が発行した『これからの都市交通の方向』はまさに的を射たタイトルと
いえよう。

　これらの中間報告とは別に、同書の第3章では総会資料として「都市
交通について」（第1回）、「交通政策に関する審議会等の提案概要」（第
3回）、「昭和60（1985）年における東京の通勤通学人口の推計」、「通勤
通学対策の具体的な考え方」、「20年後の日本経済・建設投資・交通指
標についての各種の予測」（ともに第4回）、「開発利益の還元について」、
「都市再開発と都市交通」（ともに第6回）、「地価問題解決への一構想―
大都市近郊地域における住宅高層化」（第7回）、「各党の都市政策の概
要」、「首都圏超高速鉄道の収支試算例」（ともに第9回）が、基礎的統計

資料とともに示されている。

　さらに第 4 章では WG 資料として「首都圏における人口関係資料」、「昭和60（1985）年通勤通学人口推計資料」、「輸送機関別輸送人員」、「通勤通学輸送の現状」、「路面交通事情について」、「首都交通圏および京阪神交通圏の社会資本の存在量の推定」、「超高層ビルと交通」、「都市問題に関する世論調査」、「外国の都市交通事情」、「千葉北ニュータウンについて」、「都内再開発と郊外新開発の企画」、「首都圏人口分布」、「首都圏の就業者数」、「宅地の土地利用率について（日照による一般算定式）」、「鉄道輸送力の現状と整備計画」、「大都市周辺部開発と鉄道輸送」が収録されている。

　同書第 4 章での資料（WG 提出資料）を纏めた第 3 章での総会資料をさらに纏め上げた 3 つの中間報告（これらも総会マター）が都市交通専門委員会の中核的存在である。検討プロセスを振り返ってみると、いかに広範囲に議論していたのかが確認され得る。WG に基礎資料の収集、整理・試算例等を提供した運輸省大臣官房運輸政策計画官（都市交通担当）諸氏が協力したことが大きな原動力となっている。一研究者がここまで広く扱うことは困難であったと推察されるからでもある。

　なお、同書の後記として、運懇が運政審に引き継がれたこと、33名から成る運政審の座長には中山伊知郎、総合部会長には都留重人、都市交通部会長には大来佐武郎、物的流通部会長には林周二の各委員が当たり、総合交通政策を確立するため、総合交通体系の形成、都市交通対策の樹立および物的流通の近代化を三本の柱として審議することになったと付記されている。ただし、運政審発足時の委員数は38名であった。

2-2　運輸政策審議会

　運懇を発展的に継承、発足した運輸政策審議会の当初の活動は昭和46（1971）年の答申（以下、46答申と略称）に象徴される。46答申の内容については次章（第3章）で扱うこととするが、それに至る検討プロセスも興味深いものであることから、ここでは同審議会、部会、WGで展開された議論を反映した2つの中間報告について振り返ることとしたい。46答申をはじめとする一連の関連資料は

　　運輸省監修『わが国の総合交通体系』（1972年6月、運輸経済研究センター）

に収録されているので、以下の大半の論述ではこれを活用する。

(1)　運輸政策審議会設立と運輸大臣の諮問

　運輸政策審議会（以下、運政審と略称）は運懇の活動を発展的に継承すべく、運輸大臣の諮問機関として昭和46（1971）年6月に設置された。設立直後、橋本登美三郎運輸大臣より「総合交通体系のあり方およびこれを実現するための基本方策について」が諮問された。諮問理由は

　　「1970年代を迎えて、わが国は引き続き経済規模の拡大をとげるとともに、情報化、技術革新等の進展を軸として高度情報化社会ともいうべき新しい社会へ移行することが予想される。このような新しい社会を目指し、全国土の均衡ある発展を図るためには、現在の交通体系を抜本的に再編成し、陸海空の各種交通手段を合理的な輸送分担によって組み合わせて高度にシステム化された交通体系を確立

表2-5　運輸政策審議会委員名簿

（○印は総合交通特別委員会委員）

		委　員
会長	中山伊知郎	一橋大学名誉教授
総合部会長	○ 八十島義之助	東京大学教授
	○ 秋山龍	日本空港ビルディング相談役
	芦原義重	関西経済連合会会長　関西電力会長
	阿部統	東京工業大学教授
	天埜良吉	日本港湾協会理事
	荒木茂久二	帝都高速度交通営団総裁
	安藤豊禄	経団連国土開発委員長　小野田セメント取締役
	○ 石原周夫	日本開発銀行総裁
	岩村精一洋	読売新聞論説委員
	植村甲午郎	経済団体連合会会長
	江戸英雄	三井不動産社長
	○ 大石泰彦	東京大学教授
	大来佐武郎	日本経済研究センター理事長
	大木穆彦	朝日新聞論説副主幹
	○ 角本良平	運輸経済研究センター理事長
	○ 梶浦英夫	日本興業銀行副頭取
	○ 権田良彦	山九運輸機工副社長
	今野源八郎	東京大学名誉教授
	○ 向坂正男	日本エネルギー経済研究所長
	島田孝一	早稲田大学名誉教授
	○ 高野務	三菱地所顧問
	武田誠三	農林漁業金融公庫総裁
	○ 武山泰雄	日本経済新聞取締役・主幹論説委員長
	田中洋之助	毎日新聞論説委員
	地田知平	一橋大学教授
	○ 土屋清	総合政策研究会理事長
	○ 都留重人	一橋大学教授
	土光敏夫	東京芝浦電気社長
	戸塚文子	交通評論家
	永野重雄	日本商工会議所会頭、新日本製鉄会長
	二宮善基	東洋曹達工業会長
	林敬三	元日本住宅公団総裁
	○ 林周二	東京大学教授
	○ 平田敬一郎	日本経営情報開発協会副会長
	本城和彦	東京大学教授
	宮崎一雄	日本長期信用銀行会長
	○ 森永貞一郎	東京証券取引所理事長
		専門委員
	石黒隆司	日本開発銀行設備投資研究所次長
	伊東光晴	元東京外国語大学教授
	上田浩明	日本長期信用銀行業務開発部長（46.2.21より）
	岡田清	成城大学教授
	岡野行秀	東京大学助教授
	菅原操	東京工業大学教授
	武田文夫	日本道路公団経済調査室長
	吉田達男	日本開発銀行総務部企画室長
	田沢喜重郎	元日本長期信用銀行融資業務部業務開発室長（46.2.21まで）

出典：運輸経済研究センター『わが国の総合交通体系』　p.15〜16

するとともに、これを実現するための方策を推進する必要がある。」

というものであった。

　各界の有識者（そのメンバーは表2-5に示すとおりである）から構成される運政審は構成上総合部会、物的流通部会、都市交通部会、開発部会の４部会となっているが、運輸大臣の諮問は総合部会（八十島義之助部会長）において審議されることとなった。総合部会にはワーキンググループ（WG）的性格の３つの小委員会が設けられ、それらは、交通施設と経済全体との間の相互浸透関係を検討する第１小委員会（林周二主査）、交通手段相互間の役割分担や競争条件の問題を検討する第２小委員会（八十島義之助主査）、施設計画との関連で政策上の焦点となりうる重要な問題を検討する第３小委員会（秋山龍主査）であった。３つの小委員会（WG）は設立後ほぼ半年の検討から、２つの中間報告を作成し、1970年12月25日総合部会に報告した。

　総合部会は中間報告での成果を踏まえ、さらに検討を促進することとし、1971年に入ってから「総合交通特別委員会」を設置して審議を重ねた。同特別委員会の検討結果は同年６月28日の総合部会で「総合交通体系に関する答申」（案）として纏められ、７月31日に丹羽喬四郎運輸大臣に「総合交通体系のあり方およびこれを実現するための基本的方策について」の答申として提出された。これを受け政府においては“総合交通体系の樹立に関する基本的方針および重要問題を協議する”ため、「臨時総合交通問題閣僚協議会」が経済企画庁に設立され、同年12月17日に結論が出されることとなった（本書第６章6-3参照）。

　上記の流れからは、総合部会の活動を具体的に読み取ることはできるものの、物的流通部会、都市交通部会、開発部会の独自の動向については明らかではない。本書本章の記述で依拠している『わが国の総合交通体系』でも、これらの３部会の活動記録は収録されていない。その限り

では、それらは実質的に第 1 〜 3 小委員会、さらには 2 つの中間報告、最終答申に反映されているものと推察せざるをえないが、このように考えても46答申自体を紐解く上での支障は少ないものとされよう。

(2)　総合交通体系に関する中間報告―その 1 ―

第 1 小委員会と第 2 小委員会の合同による中間報告―その 1 ―は総合交通体系形成への基本的な考え方を示したものである。その構成は

1　序　総合交通体系理解のために
2　問題の発端と課題の提起
　⑴交通についての基本認識
　⑵個別体系による対応の破綻
　⑶総合体系のもつ積極的意味内容
3　総合交通体系の社会的要請
　⑴現状への対応としての総合体系の意義
　⑵未来への対応としての総合体系の意義
4　望ましい総合交通体系への接近
5　結び　総合交通体系実現のために

となっている。

「1　序　総合交通体系理解のために」では、望ましい交通体系とは何であり、それを実現するためには、この際何がなされなければならないのかの留意点を 3 つ挙げている。

① 　今日の時点で「総合交通体系を構想すること」の意味は、フィジカル・プランの作成と同時に資金調達方法・配分方法、運賃・料金体系を一つの体系として運営するための諸元の明確化

を一体的に構想することである。

② 総合交通体系とは、現実にできもしないものをただ理想論として追及するものではなく、実現しうるものとして、あるべき総合交通体系をすべての関係者がその出現を待ち望む「青い鳥」に喩え、絵に描いた餅であることを意味しないのである。

③ 本中間報告は第 1、第 2 小委員会での作業結果であり、基本的な考え方の整理、総合交通体系の出発点を形成したものであることから、具体的政策への接近は第 3 小委員会その他の活動に俟つことになる。

　上記留意点を事後的に振り返ってみて、「青い鳥」としての総合交通体系を求めることが可能であるとの前提から問題提起、具体論の展開は第 3 小委員会に委ねるとしても、なぜ可能であるのかを明確にすべきではなかったのではなかろうか、一体的構想は"総合"交通体系でなくとも、"総合"を付さない交通体系の中で可能なのではないのかといった疑問が残るのである。

　「2　問題の発端と課題の提起」での「(1)交通についての基本認識」では、交通需要の量的拡大と質的改善への対応は高く評価される反面、赤字増大の国鉄経営、物的流通費の膨張に苦しむ大小各種の企業、限界状態の港湾や空港の過密操業、飽和しきっている都市内交通、長距離化する通勤輸送、増大の一途の交通事故や交通公害への対応には反省すべきであり、特に世間の採算度外視の通念への歯止めが国として必要であったと纏めている。

　これに関しては、理論的にはこれらの諸問題は社会的（限界）費用の内部化が可能であれば対応できる筈であるが、現実にはその計測、賦課方法自体と実施が困難というのがこれまでの論議の経緯ということになるであろう。

　(2)の「個別体系による対応の破綻」では、交通部門が現状の危機感への自覚不足、関係者への周知・PR不足、個別体系ごとの対応は全体体系としての整合性を喪失、あるべき総合交通体系は①過去の歪みの清算に役立ち、②未来の要請に備えうるという二重の意味を担うもの、あるべき総合交通体系の論とは、(i)個別ばらばらな交通要素を何らかの自覚的な設計理念の下に体系内で内部整理し、交通部門としての全体系を整え内部からの要請に応えること、(ii)その上でそれを経済ないし社会へ向けバーゲンをかけることで、外部からの要請に対処し、また交通部門側の外部に向けての要請をこの際はっきり明示すること、とされている。

　「(3)総合体系のもつ積極的意味内容」は、上記2-(2)での破綻が総合交通体系の実現が希求されることとなったことから、「総合化」を切実に要請される積極的な契機と意味と背景を有しているとして次の点を指摘している。

① 　現在の交通部門には依拠すべき絶対の価値体系はないので、多元的な交通需要ないしそれに対応する要素については、関係各主体がもつ利害を、各時点でできるだけ旨く調整し、スムーズに整合するという役割を「あるべき総合交通体系」が行うことが期待される。

② 　交通市場が競争的になっても、鉄道が独占的地位を占めていた時代の規制や干渉（制度や政策も含む）が交通機関間の競争条件において何らかの影響を与えている事実から、イコール・フッティング論の検討が必要。結論的にはイコール・フッティングは原理としては尊重すべきだが、実現可能ではない難点が多いため、現実像としてのあるべき総合交通体系論は、その体系の内部に要素間の競争や特定の要素の役割り原理などを内包し、体系全体としてのもつ調整の役割とすべきである。

この中間報告の2-(3)での意味するところを解釈すると、実質的には政策主導型の総合交通体系論と理解され、2-(2)が消極的、2-(3)が積極的視点からの論理展開だが、(3)が眼目であろう。この点では市場原理をめぐる議論として、従来行われていたものの領域を出ていないのではないのかと思われる。ここでも総合交通体系論と特段に銘打たなくてもよかったのではないのかとするのは穿ちすぎであろうか。個別体系から総合体系にもっていこうという意味では頷けるのではあるが……。

　「3　総合交通体系の社会的要請」では、2-(2)での過去の後始末、未来への対応の二本柱の具体的整理を試みている。(1)の「現状への対応としての総合体系の意義」では、当面は交通施設の量的拡充と交通需要の望ましい利用形態とを総合的に推進する方向で対応するとしている。(2)の「未来への対応としての総合体系の意義」としては、次の6点が指摘されている。それらは

① 国際化に対応しうるものであること
② 国土利用の可能性を全国に拡大し、過密過疎による弊害を除去するため、生産機能の再配置、地方都市における都市機能の充実を促進しうるものであること
③ 人に関し、「動くこと自体」ないし「動く過程そのもの」を目的とする新しいタイプの交通需要に対応しうるものであること
④ 来るべき労働力不足に対応しうるものであること（個別交通機関の省力化とともに、体系そのものとしての省力化システムの創出）
⑤ 情報化社会の諸要請に対応しうるものであること
⑥ 生活環境尊重を強い尺度基準にするものであること

である。

　③は多分に林周二委員の試論ペーパー（昭和45（1970）年12月25日の

「交通、流通需要の未来における性格変化について」）を意識したものであると思われるが、もとより派生需要への対応は必要であり、その上で本源的需要への対応との関係を論じなくては、絵に描いた餅となる可能性が否定できないのではなかろうか。そのことはともあれ、上記 6 点は目標であり、その指摘にとどまっているので、その具体化が必要と思われるが、それらは社会的要請としているので、具体化は先の課題、ないしは行政の役割と捉えるべきなのであろうか。また、「総合」の視点は④に限られているとも思われるがいかがであろうか。

　「4　望ましい総合交通体系への接近方法」では、交通部門として能力に応じた対応以外に道なしとして、対応として考えられる途は

①　施設整備（投資増大）による対応では、資金調達には投資資金の諸制約下での考慮、さらには調達方式そのものを改めることが当面の急務、

②　運賃政策による対応では、コスト原理に立脚する運賃政策の再検討が必要、

③　交通部門の内部における諸要素の動作を活かすことによる対応では、システムとしての効率性向上と特定の交通機関の工夫を合わせた対応が必要

であるとしている。

　「5　結び　総合交通体系実現のために」では、あるべき総合交通体系が喩えられてきた「青い鳥」は決して想像上の理想世界の動物ではなく、現実の世界に存在しうるもので、われわれ自身の手中に収めて、力をあわせて飼育することが可能であるが、その詳細、具体的な解剖図、実測図を描くまでには及んでいないとして、立法者、為政者、行政者への希望として、以下の 7 点

①　交通施設整備のための資金調達方式を改め、統一理論に基づく総合的な（資金調達）方式を確立すべきであること、

②　運賃政策を弾力的に運用すること、特に現在の国鉄にみられる統一運賃政策のような思想は早急に打破すべきであること、

③　地域ごとの総合交通体系を策定すること、

④　各種交通関係産業の総合化、システム化を進めること、

⑤　総合交通体系の整備と運営の意思決定にとって必要な情報システムを整えること、

⑥　総合交通審理の機能をもつ中立機関を設置すること、

⑦　望ましい総合交通体系のための研究開発（R&D）を推進すること

を挙げている。

　以上の指摘に関し、「総合」という言葉は全てのステークホルダーをシステム化（その構築、機能がチェックされねばならない）するという意味で捉えれば、納得しうるものが大半である。特に②の国鉄の全国一律運賃体系の弊害を明記しているのはまさに論理的であるが、遅きに失した感も否定できない。

(3)　総合交通体系に関する中間報告―その2―

　運政審総合部会WGの中間報告―その1―と同日に、第3小委員会により、当面措置すべき政策の方向を示すべく出されたのが中間報告―その2―であった。第1、第2小委員会の中間報告―その1―が、交通部門と経済全体との相互浸透的関係、交通手段相互間の役割分担、競争条件を論じたのに対し、中間報告―その2―は、具体的政策への接近、具体的提案を試みたものであった。その構成は

1　経済の成長と交通施設の現状

2　ナショナル・ミニマムとしての交通機関の維持

3　激増する交通需要に対処する投資メカニズムの現実と交通施設間の投資メカニズムの調整

4　交通機関における費用負担の適正化

5　運賃政策ないしは負担政策の弾力的運用

6　総合交通特別会計の設立

である。

「1　経済の成長と交通施設の現状」では、1960年代のわが国経済の高い成長に対して、交通部門では公共交通機関（経営）の不振、交通インフラ施設等の不足に直面していたことから、交通の分野としてはこのような状勢に対処し、かつ、将来を見通した総合交通体系の樹立に早急に取り組まなければならないとした。将来の社会的要請に応えるべき総合的な交通施設整備の促進と、そのための資金確保を可能にする資金調達方式の確立が必要であるとする、第1、第2小委員会の指摘を受け、具体的な提案を試行した。その基本的な考え方は

①　自動車の機能を十分認識するものであるが、将来の交通ないし輸送をすべて自動車に依存することが出来ない、

②　陸上交通機関としての自動車と鉄道との協調の促進、

③　交通におけるナショナル・ミニマムの確保

である。

①、②は今日では目新しいものではないが、当時としてはこれまでの経緯からして明確に確認しておくべきものであったのかもしれない。

「2　ナショナル・ミニマムとしての公共交通機関の維持」の背景に

は、地方における鉄道、バスといった公共交通機関の経営悪化があり、これを基本的には地方における人口の希薄化とモータリゼーションの進展による公共交通機関への需要の激減という構造的なものによるとした。対処方法には、第1、第2小委員会の指摘どおり地域計画の一環としての地域ごとの総合交通体系の必要性、地域の責任と負担、当該地域の財政事情に応じた国の適正な基準のもとでの補助の必要性を説いている。

国の補助に関して、中間報告の原文では「…補填する等の措置をも考慮する必要がある」となっているが、そこでの"も"という補足的な扱いが状況悪化の加速要因となったとは考えられないのであろうか。あるいは、まずは自助努力が必要、その上での補助を訴えるためだったのであろうか。

「3　激増する交通需要に対処する投資メカニズムの実現と交通施設間の投資メカニズムの調整」では、まず、交通施設整備は、主として比較的短期償還を要する借入金と料金とに依存するという従来の投資メカニズムは社会通念を超えた高料金体系なくしては実現不可能であることから、投資資金調達には高成長下の経済的条件に対応する出資金の増加が（民間企業の増資のように）実現されるか、短期償還を考慮しない長期資金があたかも資本金のように貸し付けられるのかのいずれかが選ばれなくてはならないとし、資金供給計画の樹立、各交通機関の投資メカニズムの相異による投資配分の歪みの是正が必要である、としている。

資金供給計画の樹立では外部経済効果の一部を発生者に還元するのは理論的にも妥当としているが、これは何も理論的に新しい提唱をしている訳ではなく、その具体化が望まれることから、運政審自体が行政に期待するというスタンスの一貫であろう。

次に、投資配分の歪みの是正では、①道路、空港、海運の整備は当該施設の投資の収益性に必ずしも捉われず、政策的判断によって決定され

うるというメカニズムになっている、②投資の前提となる需要推計は過去の動向の延長で行われるが、需要は私的費用に基づくものだから、社会的アンバランスになる恐れが多い、③収益性基準での投資では先行投資、大都市交通施設投資などでは資金の確保が図りがたい結果となっている、との認識を示した上で、「こうした各交通機関間における投資決定のメカニズムの相異が各交通施設間における投資配分について不均衡をもたらしているので、この不均衡を是正し、総合交通体系実現のため必要な交通施設の整備を可能とする制度、すなわち国民経済上または社会的に必要とされる交通施設の整備を確保しうるような制度の確立を図る必要がある。」としている。

　この理念論は当時の状況に照らしてみればオーソドックスなものと思われるが、その是正がなぜ総合交通体系なのかは明確には読み取れない。おそらく各交通施設整備の関係者の間での決定を提唱しているのであろうが、各施設整備は当然のこととして他交通機関のことを考慮に入れて行われていたであろうことから、改めて総合交通体系論の展開とするには今一歩の説明をというのはもっぱら筆者の理解不足故であろうか。

　「4　交通機関における費用負担の適正化」では、交通機関利用の際の私的費用と社会的費用のかい離是正措置として、賦課ないし補助による調整の必要性を説いているが、今日でもその計測の可能性が問われることになろうと推測される。

　「5　運賃政策ないしは負担政策の弾力的運用」では、第 1 、第 2 小委員会報告でのコスト主義運賃政策からの脱却の指摘を受けて、需要が集中する交通サービスに対してはそれに相応する運賃賦課による需給調整、コストを上回る超過部分を必要な交通施設整備の財源の一部に充てるような制度の検討が必要としている。

　後者のサービスを上回る超過需要の分は、当該施設整備に向けず、そ

の分を（社会的に─筆者推測）必要な交通施設の財源の一部に転用と解釈するのかは、文脈上必ずしも明らかとはいい難い。コストを上回る超過需要への踏み込み─超過需要対策にはコストがかかる筈であり、その定量的分析が必要ではないのか─、さらに「必要な」の意味する範囲も問われるのではなかろうか。

「6　総合交通特別会計の設立」は、1の「経済成長と交通施設の現状」での3つの基本的考え方に立脚した政策実施のためには、所要資金の調達と配分を総合的になしうるシステムとしての総合交通特別会計の創設を新たに提唱したものである。

総合交通特別会計は運政審での大きな構想であったと解釈され、特別会計として当時存在していた道路整備特別会計等を一括するようなシステムが念頭にあったものと推察されるがが、当然のこととして、これをどこまで市場原則で実施しうるのかを問題視する指摘は決して少なくなかったのである（本書第5章5-3参照）。

なお、上記2つの中間報告の参考資料として、委員・専門委員の試論集（1970年12月25日）が付されている。それらは

第1小委員会関係として
　①　交通、流通需要の未来における性格変化について
　　　　　　　　　　　　　　　　　　委員　　　林　　周二
　②　総合交通体系に関する試論　　　専門委員　岡田　清
第2小委員会関係として
　③　交通手段相互間の役割について　専門委員　菅原　操
　④　イコール・フッティングをめぐる問題　専門委員　岡野行秀
第3小委員会関係として
　⑤　当面の諸問題についての試論　　専門委員　伊東光晴

の 5 つである。同試論集は本書が依拠している『わが国の総合交通体系』には収録されていないことから、WG内部でのものとも思われる[4]。審議会での各委員の考えがペーパーとして出されることは、筆者の知る限り今日ではあまりみられないことから、46答申では各委員がいかに主体的に関与していたのかの姿勢が伺えるのである。

2-3　総合交通モデル分析の試み

(1)　システム分析への接近

　これまで眺めてきたように、運輸行政は個別交通機関ごとのものから、全ての交通機関を視野に入れたものへの転換が試みられてきた。個別機関からすべての機関をという意味で総合交通体系論への試行が始まり、そこには交通をシステムとして捉える必要性に迫られていたのである。方法論としては定性分析から定量分析へという方向、定量分析もシステム分析へということが要請されることになったといってよい。

　筆者の理解では、わが国の交通・交通政策の研究の一つの大きな転換点となったのは、経済理論に基づく実証分析が本格的に導入された、わが国初の高速道路である名神高速道路の feasibility study を行った1956年8月に提出された通称ワトキンス・レポート[5]である。同レポートには批判的な見解も寄せられているが、それは同レポートの内容そのものに関するものではなかった[6]。

（4）　筆者は当時関係していた運輸経済研究センター（現　運輸総合研究所）での検討資料として、コピーされたものを入手している。

（5）　通称ワトキンス・レポートは報告書提出後の45周年を記念して、ワトキンス・レポート45周年記念委員会『ワトキンス調査団　名古屋・神戸高速道路調査報告書』（2001年11月　勁草書房）として、関連資料とともに復刊されている。

（6）　その紹介としては、前掲拙著『交通学の足跡』のp.65〜66参照。

経済学をベースにした研究者が次に注目したのは、1958年に刊行された水資源開発プロジェクト評価であった。

Otto Eckstein: Water Resource Development―The Economics of Project Evaluation, Harvard University Press, 1958

では、テネシー河流域での洪水防止、灌漑、内陸水運、電力の4つの分野での費用/便益分析が試みられた。わが国での費用/便益分析研究の原典ともなったものでもある。

その後ハーバード大学では発展途上国の経済発展に資することを目的に、John R. Meyerの主導により大規模コンピュータの利用を前提としたマクロ経済交通シミュレーションモデルの構築、実証に着手した。その成果はMacroeconomic Transport Simulation（METS）モデルとして纏められている。

METSモデルは

John R. Meyer, Editor: Techniques of Tranport Planning, Volume 2: Systems Analysis and Simulation Models, The Brookings Institution 1971

に示されている。同書は交通計画へのシステムズ・アプローチの概要を示した第1章に続き、第1篇はモデル編でマクロ経済モデル（第2章）、交通モデル（第3章）の解説、第2編でコロンビアの実験への応用を示した実証編で、Calibrationによるパラメータの推計（第4章）、代替的な交通計画の特定化と評価（第5章）、システムズ・アプローチ：要約と結論（第6章）と、3つの付論（道路の費用－成果モデル、鉄道の費用－成果モデル、交通機関間転移モデル）から成っている。交通分野で理論

に基づくプロジェクト評価実証分析の出発点ともなった、システム分析を具現化したものである。METSモデルのレビュー、課題は専門文献[7]に委ねるとして、基本的なマクロ経済交通シミュレーションの要素（図2-3）、シミュレーションと手法（図2-4）を示すだけにとどめておきたい。なお、わが国でその成果にいち早く取り組んだのは経済企画庁であり、1960年代末の段階でMeyerらによる研究への探索が行われた（METSモデルに関する経緯については後述の補論参照）。当時この分野に関心を寄せた代表的な研究者は中村貢、坂下昇、福地崇生、金子敬生といった諸教授（計量経済学者）で、交通への造詣は深いが、交通を専門とする人達（交通論担当者）ではなかった。

　今から半世紀前のこのような学術面での研究活動が、交通政策の検討に具体的にどう結びついたのかは追跡しにくいが、METSモデルに啓発されシステム分析、マクロ経済学、計量経済学の交通分野への適用が従来になく図られるようになったことだけは確かであろう（傍点は筆者）。

　わが国の交通・物流行政でのシステム分析の手掛かり（序論的なもの）を与えた一つに、先の本章2-1(2)の③で示した運輸政策懇談会物的流通部会中間報告「物流システム化へのみち」が挙げられる。同報告書の第４章で、物流システム、制度体システム、機能システム、地域システムの４者間の関係を整理し（図2-5）、物流システムの未来的方向をサブ・システムからトータル・システムへ（図2-6）のように抽象的に図式化している。繰り返すまでもなく、同中間報告は運輸政策審議会答申（46答申）でも適宜参照されることになったのである。

　断るまでもなく、システム分析といっても物的流通部会の中間報告はMETSモデルとは、研究目的、研究方法、活用された研究ストックの

（7）　代表的には、佐々木公明・国久荘太郎『日本における地域間計量モデル分析の系譜―交通投資の社会経済効果測定のために―』（2007年5月　東北大学出版会）の第1章参照。

図2-3　マクロ経済交通シミュレーションの要点

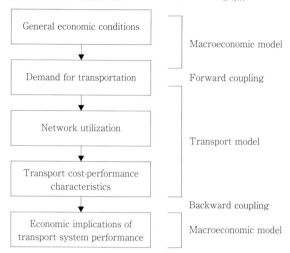

出典：John R. Meyer, ed.: Techniqus of Transport Planning, p.2

図2-4　シミュレーションと手法

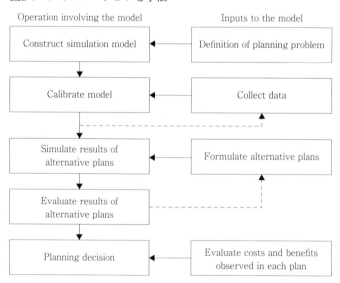

出典：図2-3と同様　p.5

図2-5　４つのシステム間の関係

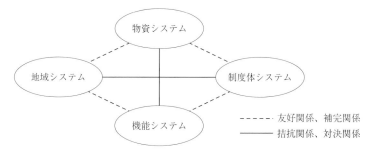

出典：運輸政策懇談会「物流システム化へのみち」　p.28

図2-6　サブ・システムからトータル・システムへ

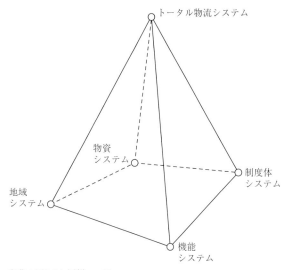

出典：図2-5と同様　p.30

面で全く次元の異なるものであり、両者を同じ範疇で扱うことは全く以って適切ではない。ここでは、システム分析への着手というだけのことでの紹介に過ぎないことを付言しておきたい。交通（物流）分野でのシステム分析は米国に一日の長があったのは確かである。なお、METSモデルでの課題克服を目指すことから始まり、新たなモデル分析の展開がわが国研究者によって鋭意進められてきたことを付言しておきたい（本章本節次項(2)、(3)参照）。

(2)　運輸省計量モデル調査会の研究

　運輸経済懇談会での検討が終盤に差しかかり、運輸政策審議会に発展的に継承されようとしていた頃、運輸省に計量モデル調査会が設置され、同調査会の大きなプロジェクトの一つとして、1969年度から当初３ヶ年の予定（結果として５ヶ年に延長されることとなった）で「総合交通モデル」の研究開発が試みられた。長期的な交通政策を論ずる一助として、実態的経済変動と交通の関連性を有機的体系的に把握することが目的であった。交通政策をマクロ経済との関連で検討することが極めて限られていた時代での試みであった。

　何を以って「総合交通モデル」と呼ぶのかには明確な説明がなされていた訳ではなかったが、経済モデルと交通モデルとを有機的に関連させることという意味で「総合交通モデル」と総称していたものと推察される。

　調査会には1969年秋にWG（藤野志朗委員長）が設置され、1974年２月17日の最終会議まで35回の会合が持たれた。研究体制は図2-7のとおりであるが、WGは「研究グループ」に位置付けられている。一連の研究成果は事務局であった運輸経済研究センター（現 運輸総合研究所）より報告書が出されている。それらは

　　・「自動車需要予測モデルに関する研究」（1970年３月）

図2-7　総合交通モデルの研究体制

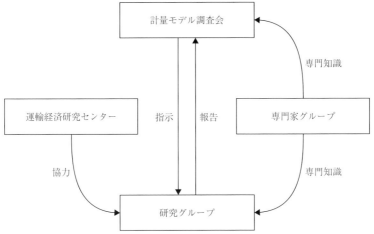

出典：運輸経済研究センター『総合交通モデルに関する研究（その5）』 p.3

・「総合交通モデルに関する研究」（1970年 3 月）
・「総合交通モデルに関する研究（その 2 ）」（1971年 3 月）
・「総合交通モデルに関する研究（その 3 ）」（1972年 3 月）
・「総合交通モデルに関する研究（その 4 ）」（1973年 3 月）
・「総合交通モデルに関する研究（その 5 ）」（1974年 3 月）

であり、運政審の46答申がなされる前後の頃のものである。

　当時この種の試みでの先行研究は京都大学の天野・藤田モデル、ハーバード大学のJohn R. Meyerを中心とするMETSモデルぐらいしか存在していなかったため、計量モデル調査会ではモデル構築面、データ面等でかなりの試行錯誤を余儀なくされたようである。1970年の 2 つの報告書は予備的段階のものであり、1971年の研究（その 2 ）では交通モデル（原文の用語では輸送モデル）の開発に主眼が置かれ、地域分割の問題、交通モデルの開発とその地域への適用、総合交通体系の理論的詰め

の３点が課題とされた。1972年、1973年の研究（その３）、（その４）では交通モデルと経済モデルとの接続が図られた。（その３）でのマクロモデルは九州７県、九州全体、全国の９地域の９個が作成された。（その４）では各サブモデルの連動が検討され、作成者らの意味する「総合交通モデル」が開発された。

最終報告書ともなった1974年の研究（その５）の体系は図2-8に示され

図2-8　総合交通モデルの体系

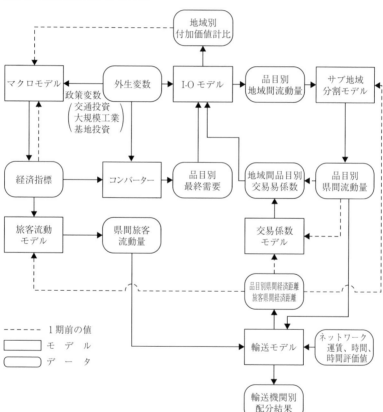

出典：図2-7と同様　p.4

るが、経済モデルとしてのマクロモデルおよび I-O モデル、旅客・貨物モデルとしての旅客流動モデルおよびサブ地域分割モデル、輸送機関別配分モデルとしての交通モデル、さらに経済と交通を結びつけるモデルとしての交易係数モデルにブロック化され、これらを有機的に結合させることで総合交通モデルが構成されるとしている。すなわち、総合交通モデルは経済の動きと交通を同時に考慮したモデルとなっているのである。この総合交通モデルは RETSS Model（Regional Economic and Transport Simulation System Model）と呼称された。

　RETSS Model でのシミュレーションは九州全域での大規模工業基地への集中度、新幹線、高速道路建設の投資の効果を計測するために行われた。昭和45（1970）年、50（1975）年、55（1980）年、60（1985）年の交通ネットワークを想定した上で、新幹線、高速道路の推定建設費、大規模工業基地への推定投資額を表2-6、表2-7とし、シミュレーションのケースを表2-8の 6 つのケースを想定した。ケース 1 は結果として九州地域経済の相対的後退、ケース 2 はケース 1 以上の相対的後退を想定、ケース 3 は 6 つのケースの中で実現性が高いもの、ケース 4 は最も強気のもの、ケース 5 は交通投資の効果、ケース 6 は大規模工業投資の効果を計測するものである。数値的な計測結果の詳細は同報告書に譲ることとして、ここでは結論のみを紹介する。

　大規模工業基地についてはケース 6 とケース 1、交通投資についてはケース 5 とケース 1 を比較することで効果が求められる。表2-9に示されるように、発展途上地域への投資は交通網の整備状況にもよるが、乗数効果では交通投資の方が地域経済に与える影響が大きいという結果になっている。

　傾向としては、RETSS Model と類似のカテゴリーの研究は、その後建設省道路局が試みているが（次項(3)）、両研究の関係は文献上からは確認できない。

表2-6　交通網の推定建設費

（単位：Km、億円（45年価格））

	昭和45～49年		昭和50～54年		昭和55～60年	
	延長	建設費	延長	建設費	延長	建設費
新幹線	56	580.0	433	4202.0	539	5583.6
高速道路	104	879.5	95	804.0	472	3994.8
合　　計	－	1459.5	－	5006.0	－	9578.4

（注）山陽新幹線決算実績表、国土開発幹線自動車道調査計画の概要（建設省48年10月）
　　　新幹線鉄道の基本計画について（運輸省48年10月）により推計。
出典：図2-7と同様　p.74

表2-7　大規模工業基地の推定投資額

単位：億円（45年価格）

	周防灘	志布志
鉄鋼・石油化学等	13,232	12,316
用　　　　水	204	214
港　　　　湾	948	848
鉄　　　　道	224	206
道　　　　路	52	48
合　　　　計	14,660	13,630

注（1）周防灘については九州地区のみとする。
　（2）大規模工業基地総合調査報告書（日本工業立地センター、46年3月）、志布志湾港湾
　　　　計画調査報告書（（社）日本港湾協会、46年3月）、20年後のかごしま（鹿児島県、43
　　　　年10月）新全国総合開発計画関係資料（経済企画庁、44年7月）により推計。
出典：図2-7と同様　p.77

表2-8　シミュレーションのケース

ケース	交通投資		大規模工業投資
	～49年	50年～	
1	有	無	無
2	無	無	無
3	有	有	1/2
4	有	有	1/1
5	有	有	無
6	無	無	1/2

出典：図2-7と同様　p.77

表2-9　乗数効果の比較

(金額：億円)

投資の種類 項目 県	交通投資				
	ケース5 交通投資	ケース5 60年生産所得	ケース2 60年生産所得	ケース5と ケース2の 生産所得差	乗数効果
福　岡	3,291.5	62,998.6	56.277.9	6.720.7	2.042
佐　賀	1.257.5	8,127.9	7,089.4	1,038.5	0.826
大　分	2,625.5	16,682.0	14,668.8	2,0132	0.767
長　崎	846.0	13,742.9	10,697.4	3,045.5	3.600
北九州	8,020.5	101,551.4	88,733.5	12,817.9	1.598
熊　本	2,752.5	18,920.6	16,025.8	2,894.8	1.052
宮　崎	1,715.0	9,804.5	8,120.4	1,684.3	0.982
鹿児島	1,962.5	10,817.5	9,520.3	1,297.2	0.661
南九州	6,430.0	39,542,6	33,666.5	5,876.1	0.914
投資の種類 項目 県	工業投資				
	ケース6 工業投資	ケース6 60年生産所得	ケース1 60年生産所得	ケース6と ケース1の 生産所得差	乗数効果
福　岡	3,665.0	63,742.4	58,185.2	5,557.2	1.516
佐　賀		8,033.3	7.388.9	644.4	
大　分	3,665,0	17,009.2	15,164.2	1,845,0	0.503
長　崎		13,818.7	11,734.1	2,084.6	
北九州	7,330	102,603.6	92,472.4	10,131.2	1.382
熊　本		19,046.4	16.787.0	2,259.4	
宮　崎		9,883.5	8.515.7	1,367.8	
鹿児島	6,816.0	11,774.5	9,768.8	2,005.7	0.294
南九州	6,816.0	40,704.4	35,071.5	5.632.9	0.826

出典：：図2-7と同様　p.77

補論：METSモデルについて

プロジェクト評価でわが国の理論的・実証的分析に多大な影響を与えたのはハーバードグループによるMETSモデルである。John R. Meyerを中心とするハーバードグループによる、発展途上国経済を対象とした交通体系の研究は1963年より着手され、その成果は1967年11月に

John R. Meyer, Editor : Techniques of Transport Planning

として、ハーバード大学・ブルッキングス研究所より出版されている。わが国の多くの研究者が活用したのはブルッキングス研究所の交通研究プログラム（TRANSPORT RESEACH PROGRAM）として1971年に刊行され、その継続・改訂版の

Volume1: Pricing and Project Evaluation
Volume2: Systems Analysis and Simulation Models

である（詳細な書名は後掲）。1971年版は入手可能性が高かったためであろう。筆者は怠慢にも1967年版そのものを確認した訳ではないが、Volume2の原形となった

Models for Transport System Simulation by Paul O.Roberts and David T. Kresge, With special contributions by Koichi Mera, Richard Soberman, Donald Shoup, Harold Luft

を1969年5月に経済企画庁総合計画局幹線交通研究会が仮訳として

『輸送計画の作成手法─輸送体系シミュレーション』

を出している。仮訳は今日ではほとんど見ることのないガリ版刷りで、表紙は

『METS―Model の紹介』

とされている。とはいえ、401ページに及ぶ仮訳の中ではMETS-Model なる言葉は確認できない。仮訳ということから、幹線交通研究会の内部資料として限られた研究者、研究機関だけに配布されたものと思われる[8]。仮訳書の構成は

第 1 章　序論
第 2 章　マクロ経済モデル
第 3 章　輸送モデルの構造
第 4 章　輸送計画作成のためのモデルの利用
第 5 章　マクロ経済政策のためのモデルによる実験
第 6 章　発展における輸送の果たす役割に関するモデルの実験
第 7 章　モデル操作により解明された経済および輸送の体系の特色

である。当初は第 1 ～ 3 章を第一分冊、第 4 ～ 7 章を第二分冊とする予定であったようであるが、合本された一冊となっている。その後のわが国第一線の研究者による優れた成果が利用できる今日でこそ、同仮訳書は目新しい内容とはいえないが、この分野での嚆矢としての価値は大きかった。

　輸送システムモデルの機能的構成要素を図2-9のように纏め、マクロ

（8）　筆者は仮訳書が出された時期に、運輸経済研究センター（現 運輸総合研究所）の研究員も兼ねていたことから、当時同センターがかかわっていたわが国の総合交通体系論議検討の一環として入手したという経緯がある。

経済モデルと輸送モデルとの関係を図2-10のようにフィードバックシステムとして捉えることが基本であり、輸送モデルへのインプットは地域流動および商品構成、ネットワークの地理的特性およびリンク特性、商品別輸送選好、輸送機関の特性、運賃・料金とされている（図2-11）。

仮訳書が出された当時は経済用語の訳語も今日のようには定着されておらず、たとえば外部性（仮訳書p.17、以下同様）、積載効率（p.157）、費用曲線（p.238、241）トラック運賃（p.354）等にも訳者固有のものが用いられているが、これらは本質的な問題ではない。

今日の用語での交通モデルは第3章で「完全な輸送モデル」として詳細に示されており、その内容は

    I　モデルの範囲
    II　供給および需要の分割

図2-9　輸送システム・モデルの機能的構成要素

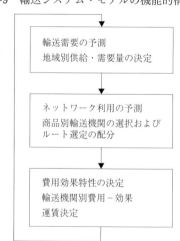

出典：経済企画庁仮訳『METS-Modelの紹介』　p.103

78

図2-10　マクロ経済モデルと輸送モデルとの関係

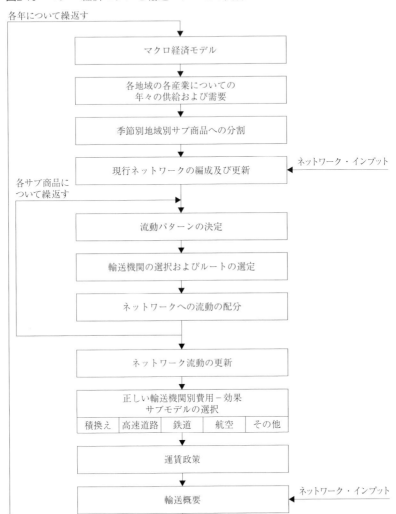

出典：図2-9と同様　p.39

図2-11　輸送モデルへのインプット

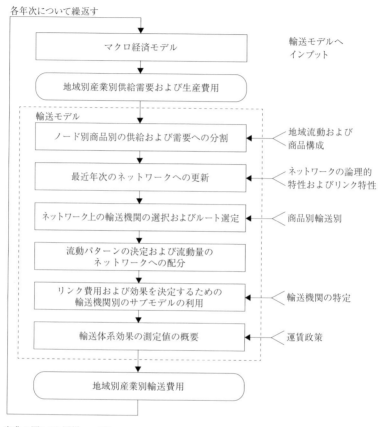

各年次について繰返す

マクロ経済モデル

輸送モデルへ
インプット

地域別産業別供給需要および生産費用

輸送モデル

ノード別商品別の供給および需要への分割

地域流動および
商品構成

最近年次のネットワークへの更新

ネットワークの論理的
特性およびリンク特性

ネットワーク上の輸送機関の選択およびルート選定

商品別輸送別

流動パターンの決定および流動量の
ネットワークへの配分

リンク費用および効果を決定するための
輸送機関別のサブモデルの利用

輸送機関の特定

輸送体系効果の測定値の概要

運賃政策

地域別産業別輸送費用

出典：図2-9と同様　p.108

III　ネットワークの明確性

IV　輸送機関の選択およびルートの選定

V　商品流動および配分

VI　費用効果サブモデル

VII　単純な輸送機関別サブモデル

VIII　運賃政策

IX　効果および目的の測定値

と多岐にわたっており、当該研究分野での先導性は高く評価される。第4章での「マクロ経済モデルおよび輸送モデルはシミュレーション・モデルであって最適モデルではない」との記述（p.199〜200）にも説得性がある。これらを検討の上で第5章はパキスタン、第6章がコロンビアのケース・スタディーとなっている点で実証研究に結び付けているのが有用である。

　Meyer らの研究成果（正式名）は1971年に

John R. Meyer, Editor: Techniques of Transport Planning,

Volume One John R. Meyer and Mahlon R. Straszheim: Pricing and Project Evaluation,With special contribution by Benjamin I.Cohen, Leon M. Cole, John F. Kain, Koichi Mera, Robert Mnookin, Paul O. Roberts, & Martin Wohl

Volume Two David T. Kresge and Paul O. Roberts: Systems Analysis and Simulation Models, With special contribution by Donald N. Dewees, J. Royce Ginn, Harold Luft, Donald S. Shoup & Richad M. Soberman

として、ブルッキングス研究所より刊行されている。わが国経済企画庁が仮訳した原本はハーバード大学での研究セミナー等で検討され、その結果として1971年に第1巻、第2巻として纏められたものと推察される。広範に市販に供せられたことから、わが国の研究者もこの1971年版を活用するようになったと考えるのが自然であろう。METS-Modelの用語は第2巻のp.34〜35、p.149〜157で確認され得る。そこではmacroeconomic transport simulation model として言及されている。第2

巻はモデルを扱った第1篇（第1〜3章）、コロンビアの実験への適用を扱った第2編（第4〜6章）より構成され、1967年版は第2巻に該当、集約されているものと考えられる。

　いささか本筋を離れることとなるが、1971年版に先立って1967年版を経済企画庁が仮訳した事情を若干類推してみたい。ハーバード大学の研究グループの有力な一員であり、その後この分野での先駆者として日米両国で活躍された目良浩一教授が、当時わが国で当該分野での研究を模索していた経済企画庁に紹介したのか、あるいは1960年代後半にハーバード大学で学んだ日本人の研究者（岡田清教授等）が示唆し、目良教授が橋わたししたのではあるまいか。あるいは日本との関係の深いブルッキングス研究所の重鎮、ウィルフレッド・オーウェン氏が紹介したものとも考えられるが、真偽のほどは確認できない。ちなみに、目良教授は1971年版では第1巻に特別な貢献者として明記されているが、第2巻では序論で示されているに過ぎないものの、1967年版では大いに貢献したとされている。また、オーウェン氏はわが国に大きな影響を与えた1965年のワトキンス・レポートの第1章「日本における輸送問題の背景」（共同執筆）、第3章「日本における道路問題」、第5章「高速道路経費と財政の見通し」の執筆に当たり、わが国の研究者（今野源八郎教授等）と親交が深かったのである。

(3)　地域間計量モデル分析の展開─道路整備五箇年計画の経済効果の分析─

　交通にかかわる領域でも道路行政は省庁再編による国土交通省発足（2001年1月）以前までは（旧）建設省の管轄であった。道路行政の二本柱ともいわれた有料道路制度と道路特定財源制度の根拠法となったのが道路整備特別措置法と道路整備緊急措置法であったが、後者の道路整備緊急措置法は道路整備五箇年計画の根拠法でもあった。

　道路整備五箇年計画は1954年から始まる第 1 次から、1993年からの
第11次まで行われ、1998年度からは新道路整備五箇年計画に引き継が
れた。2003年度からは社会資本整備重点計画の一環に組み込まれるこ
ととなった。第 7 次計画（1973〜1977年）からはその経済効果の計測に
計量経済モデル分析が試みられ、建設省道路局の委託により計量計画研
究所（The Institute of Behavioral Sciences、以下、IBS と略称）に坂下昇教
授を主査、佐々木公明教授、国久荘太郎氏を中心とするプロジェクト
チーム（道路投資の経済効果に関する研究会）が編成され、鋭意研究が進
められた。前記(2)の運輸省での計量モデル調査会の研究とほぼ同時代
での開始であった。

　第 7 次計画での中核となるモデルの原典はMETSモデルであったが、
同モデルには本質的な問題点があったため、この改良から始めて全面的
な再検討が試みられた。その結果開発されたのがGMM（Global METS
Model）である。

　中村貢教授による同モデルの問題点の指摘は

①　各地域の供給量・需要量の決定が互いに独立になされている、
②　運輸投資の供給効果が十分には捉えられていない、
③　可処分所得が生産所得から一義的に決定されている、
④　時間的遅れのとり方が画一的（一期の遅れ）

というものであった[9]。GMMでは①に関しては地域別需要・供給およ
び地域間財流動は相互依存的になされる、②については時間距離変数、
輸送費用変数、潜在生産力概念の導入で対処する、③では交通手段の発
展に伴い地域別可処分所得と地域別生産所得のかい離を考慮しうるよう

（9）　経済企画庁総合計画局『幹線交通問題に関する理論研究』（1970年12月）p.5
　　　〜15

にする、ということで問題点の克服が施されている。

　基礎データは9ブロック、第1～3次産業別に整理し、構造推定を経て、13回のファイナルテストでのほぼ満足しうる結果から、政策シミュレーションを行っている。具体的な結果は、IBSの1973年報告書[10]で構造推定はp.135～247、政策シミュレーションはp.248～305に示されているのでそちらを参照されたい。

　GMMではパラメータ推定の際のデータ（特に地域データ）の不備による限界があったことからデータの再検討と整備が重要とされたこと、産業関連社会資本の効果を組み込むことが出来なかったこと、同一輸送手段への社会資本であっても高速道路・新幹線等の高速輸送手段と在来の輸送手段の効果を分離計測する必要があること、時間距離関数の理論的検討・精緻化の必要があること、マクロ経済モデルでは分配所得と各支出項目が同時に決定されるモデルへの改訂の必要があること等の課題が纏められ、第8次計画以降でのモデル分析でこれらの克服の試みがなされることとなった。

　第8次以降もその都度モデルの改訂、新たな要請、課題への対処が試みられ、経済効果の分析での中核となるモデルにはその英文表記からの愛称がつけられたのもIBSでの研究成果の特徴である。それらは

　第8次計画（1978～1982年度）：SPAMETRI（Spatial Econometric Model for Japan—Transportation, Social capital and Interregional Linkage）
　第9次計画（1983～1987年度）：改訂[11]COMETRIP（A Consolidated

（10）　IBS『道路投資の規模および地域配分に関する調査』（1973年3月）
（11）　1980年度（第三次全国総合開発計画策定の年）に策定された原COMETRIPでの主要対象は地域間の幹線交通施設整備に関する経済効果であったが、これを地域内の道路整備の経済効果の定量的把握が可能となるように改善されたことから改訂COMETRIPと呼ばれたものである（傍点は筆者）。

Model in Evaluation of Transport Investment Project）

第10次計画（1988〜1992年度）：IRENE（Interregional Econometric Evaluation Model for the 10th Five-Year Investment Program）

第11次計画（1993〜1997年度）：EMACC（Evaluation Model for Road Construction with Incorporating the ACCesbirity Effect）

新道路整備五箇年計画（1998〜2002年度）：FORMATION（Forecasting Model for Nationwide Effects of Road Improvement Investment）

社会資本整備重点計画（2003年度〜）：EMERLIS（Econometric Model for Evaluation of Road Investment considering Labor and Industrial Structure）

である。

　これらのモデルを個々に扱うことは本書本章の流れでもないし、筆者の手に及ぶものでもない。各モデル分析に費やされた研究量、作業量は極めて膨大なものであり、それを振り返るだけでも大仕事なのである。幸い、佐々木・国久前掲書（本章脚注 7 ）では第 1 章でGMMの解説を行い、第 2 章でSPAMETRI、第 4 章での原COMETRIPに続き、1990年代後半から盛んに用いられることとなったいわゆるCGE（応用一般均衡モデル）の先駆けともいえる価格内生化モデルであるIRENEが第 5 章で的確に紹介されている。これらのモデル分析の中核を担った担当者による執筆だけにこれ以上ない密度の高いものとなっている。関心のある方はIBSの報告書とともに佐々木・国久著を参照されたい。

　本書本節の趣旨からすれば、高速道路のみならず、新幹線や空港の整備を考慮したという意味での「総合交通システム」の変化の効果を“総合的に”（佐々木・国久前掲書 p iii での表現）計測する原COMETRIPに注目すべきであろう。1980年度に開発された同モデルは交通投資の効果計測上先例のないものである。原COMETRIPのフローは図2-12に示す

図2-12　COMETRIPの概念図

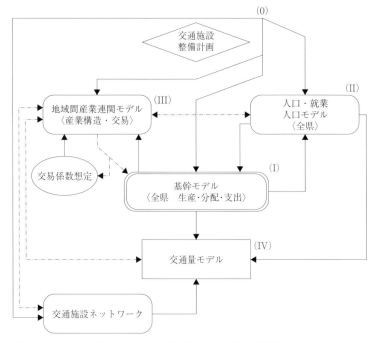

出典：佐々木・国久『日本における地域間計量モデル分析の系譜』p.96

　とおりであり、基幹モデル、人口・就業人口モデル、地域間産業連関モ
デルの各サブモデル群から構成されている。モデル全体にとって5種類
ある外生変数のうち最も重要なものは財政投資（政府総固定資本形成と
同義）と非近接性の2つである。財政投資は基本財政投資、既決大型プ
ロジェクト投資、戦略大型プロジェクト投資の3種類に分類される。非
近接性は旅客と財の2種類で定義され、1975～1985年はケースによっ
て変化しないが、それ以降は戦略大型プロジェクトの完成によってケー
スごとに変化する。同モデルでの最大規模である基幹モデルは都道府県
別に構成され、各都道府県経済の生産、分配、支出の諸側面を相互依存

的に表現する重要なサブモデル群である。基幹モデルのもう一つのサブ
モデル群は供給能力を導出する部分である。中心に据えられた生産関数
は都道府県別・8 産業別に構成され、非近接性、資本ストック、就業人
口モデルから受けわたされる就業人口から説明されるものとなっている。

　政策シミュレーションは純生産決定関数、民間設備投資関数、民間資
本ストック蓄積関数、就業人口の産業別配分、民間設備投資関数のうち
の卸・小売業の異常値のチェック、運輸・通信業の資本ストックに社会
資本ストックの加算での安定化（stabilization）を施したモデル構成とし
た上で行われた。

　総括評価には便益/費用分析が試みられた。異なる交通投資プロジェ
クトが地域純生産に与える影響を

① 　投資支出そのものによるケインズ的な乗数効果
② 　交通施設整備による地域ごとの非近接性変数値の変化による地
　　域別の生産関数、その他の関数のシフト
③ 　各地域の各産業にとっての生産環境変化による民間設備投資の
　　地域間配分パターンの変化

の経路を調べ、①、②は妥当な結果であったが、③に関しては、分析結
果の解釈について常識以上の洞察が必要とされた。とはいえ、これまで
必ずしも明らかには示されてこなかった交通投資の需要効果と供給効果
を明確に分離した形で計測できたという先例のない大きな成果であった
といえよう。

第3章

運輸政策審議会
昭和46(1971)年答申

本書の核心的部分である運輸政策審議会（運政審）の昭和46年答申（46答申）について、なぜこれが総合交通体系（政策）論として登場するようになったのかのプロセスを、先学の交通政策研究の足跡を辿ることにより考察する。戦後日本の交通政策、さらに大きな政策課題とされた鉄道（国鉄）政策の大要を振り返り、交通研究のサイドからの総合交通体系論への模索を試みる。

　運政審46答申に至った背景を推論した上で、同答申の概要を示すことがこの章の主たる狙いである。

3-1　運政審46答申以前の交通政策論の動向と昭和46(1971)年での総合交通体系論の試み

(1)　戦後日本の交通政策

　「総合交通政策」という用語が明示的に登場する前は、わが国の交通政策は総論、各論という形で扱われることがほとんどであった。交通政策全般に関するもの（総論）、陸運論、海運論、空運論といった個別分野での動向、あり方を論ずるという形であった。総合交通政策論の展開に至るまでは、このような従来の政策論の実態を、時代区分としては少なくとも戦後の動向に関して、確認しておくことが必要であろう。学会での研究動向はもとより、行政の取り組みの概略を振り返ることが総合交通政策論への端緒になるのか否かを追跡しておかなければならないと判断するからである。そのためには各研究者による個々の文献を紐解くよりは、運輸経済研究センター（現 運輸総合研究所）が交通政策研究の有識者を集めて行った「戦後における我が国の交通政策に関する調査研究」委員会（山口真弘委員長、中西健一ワーキング委員長）による研究成果

　　『戦後日本の交通政策─戦後における我が国の交通政策に関する調
　　査研究』（1990 年 3 月、運輸経済研究センター）[1]

を活用することの方がここでの目的のためには効果的であると考えられ
る。同調査報告書は交通の各分野について政策が行われた歴史的背景、
政策が指向した方向、政策の内容、政策がもたらした社会変化とその問
題点、今後必要となると思われる政策の方向について纏め、戦後の交通
政策について「正史」とすべく試みたものであり（山口委員長のまえが
き）、戦後のほとんどの事柄がこの一冊に網羅されているのである。
　同書は総論、各論計 8 部から成るものであり、極めて包括的な記述内
容となっている。ここでは細部の記述内容は同書に譲ることとして、本
節の目的とする戦後の交通政策の研究傾向を把握するためには同書の部
構成、章構成を示しておくことで事足れりとしよう。ただし、同委員会
が運政審答申後の昭和 63（1988）年〜平成元（1989）年に調査研究を
行ったことから、当然のこととして 46 答申以降のことについても研究
対象とされている。したがって、ここでは戦後の交通政策研究の大要を
確認するという目的での範囲で同書を活用することとする。同書の構
成（カッコ内は執筆者名[2]、表記は原文ママ）は

　　まえがき
　第 1 部　　総論（中西健一）
　　序章　交通政策とは何か

（1）　同書と全く同じ内容のものが、同書の作製を担当した白桃書房よりサブタイ
　　　トルだけを「経済成長の歩みとともに」と改めて 1990 年 5 月に市販されている。
（2）　参考までに記すと、同書でのほとんどの執筆者は角本良平教授の古希を記念
　　　した論文集
　　　　　角本良平編『21 世紀の交通』（1990 年 7 月、白桃書房）
　　　でも、同論文集での各章を担当したという経緯がある。

となっている。各部、各章には交通政策に関するほとんどの事項が盛り込まれているといってよい。同委員会では各担当者の執筆原稿をまずはワーキング委員会、その上で親委員会で検討するという形が採られ、事実関係、事実認識の相互チェックが行われた。

　総論では交通政策の考え方を整理の後、戦後期を昭和20（1945）年代の復興期、昭和30（1955）年〜40（1965）年代の高度成長期、昭和50（1975）年代以降の安定成長期の 3 期に分け、現実に実施された交通政策について言及されている。総合交通政策論の萌芽がここにみられるものとも解釈される（筆者（杉山））。各論は政策上での課題の大きな都市交通を一つの章として取り上げ、従来タイプでの分類に相当する陸運論として私鉄政策、道路交通政策、貨物輸送政策、海運論として海運政策、港湾政策、空運論として航空政策が論じられている。目次構成だけからも大方類推されるように、実際に展開された政策が広範に漏れなく扱われている。なお、極めて重要な政策課題である国鉄に関しては、すでに同研究に先立って行われた。

　　鉄道政策研究の変遷に関する調査委員会編『鉄道政策論の展開—鉄道政策研究の変遷に関する調査—』（1988年 3 月、運輸経済研究セン

ター）

　で論じられていることから、『戦後日本の交通政策』では独立の項目と
しては取り上げられていない（角本良平氏のあとがき）ので、鉄道政策
については次項(2)で紹介することとしたい。

　また巻末に添えられている昭和20（1945）年〜平成元（1989）年まで
の年表は「総合」、「都市交通・鉄道」、「道路」、「海運・港湾」、「航空」、
「貨物」のジャンル別に詳細に整理されたものであり、その利用価値は
極めて高い[3]。

　『戦後日本の交通政策』では「総合交通政策」という用語そのものも
ごく限られた箇所（例、第4部道路交通政策でのp.198）以外には見い出
せない。国鉄を中心とする鉄道政策が別に扱われたことと、記述の多く
が総合交通政策論の展開以前を対象としたことからの特徴でもあろう。

(2)　鉄道政策の展開

　『戦後日本の交通政策』に先駆けて行われた『鉄道政策論の展開』は、
国鉄改革を経た昭和61（1986）〜62（1987）年度にかけて、運輸経済研
究センターにて纏められた。山口真弘委員長、青木栄一ワーキング委員
長の下での委員会によるものである。JRの出発を機会に過去120年間の
鉄道政策の重要事項に関する研究や提言を記録しておこうとの試みで
あった（角本良平氏のあとがき）。

　総合交通政策論への大きな契機を与えたのは財政悪化を拡大する一方
の国鉄対策であった。国鉄、運輸省での経営改善対策はもとより、すべ

（3）　年表の作成者である松下緑氏は長らく日通総合研究所（現NX総合研究所）の
　　編集出版室長を勤められた方であり、交通に関する文献には広く精通していた。
　　博学を以って鳴る角本良平教授をはじめ、文献を渉猟しようとした交通・物流
　　研究者で松下氏から便宜を受けた人々は決して少なくない。

ての交通機関を念頭に入れた中で国鉄問題を論じようとするものであった。その意味でも、国鉄を中心とする鉄道政策は交通政策上の極めて重要な検討課題であった。山口・青木委員会の研究成果は時代区分に従い

第 1 部　鉄道創業から鉄道国有の実現まで　〜明治40年（1907）（原田勝正）

第 2 部　鉄道国有から第 2 次大戦前まで　明治40年〜昭和11年（1907〜1936）（青木栄一）

第 3 部　戦時体制下の鉄道論　昭和12年〜昭和20年（1931〜1945）（原田勝正）

第 4 部　戦後の国鉄　昭和21年〜昭和35年（1946〜1963）（今城光英）

第 5 部　衰退期の国鉄　昭和39年〜昭和62年（1964〜1987）（中西健一）

の 5 部構成で論じられ（カッコ内は執筆者、表記は原文ママ）、昭和20（1945）年 8 月〜昭和62（1987）年 3 月までの詳細な年表も松下緑氏によって作成されている。

　前項(1)での趣旨と同様、運政審46答申以前の研究動向に注目する本章での目的からすれば、同書の戦後の国鉄政策を論じた第 4 部と、国鉄の赤字転落から分割・民営化を扱った第 5 部の半ばまでが参照対象となる。第 4 部では公共企業体への移行、公社国鉄の経営形態論の展開、設備投資・運賃政策が整理されている。第 5 部では「衰退期の国鉄」との表現が用いられているが、真意は「今や新しいJRが上昇し始め、その発展を期待して本書（『鉄道政策論の展開』のこと）が鉄道の繁栄に役立つことを願うのは、この作業に参加した全員の気持ちである」（角本良平氏のあとがき）とされている。当然のこととはいえ注目すべきなのは、同書が『戦後日本の交通政策』より早い段階で作成されたのにもかかわらず、第 5 部の「第Ⅱ章　政策問題の展開とその検討」の第 4 節として「総合交通

体系論」が一つの項目として起こされている点である。そこでは狭義の総合交通体系論は輸送分野論であり、広義のそれはイコール・フッティング論と輸送分野論を含めたものとされている[4]。執筆時点で国鉄改革論議、国鉄改革を経ていたことからの記述であると類推される。

　ちなみにここで国鉄時代末期の主たる実態とJRへの移行を手短かに再確認しておく。昭和38（1963）年度が黒字最後の年であり、東海道新幹線が開業した昭和39（1964）年度に単年度赤字に転落、昭和41（1966）年度には償却前赤字となり、この時点で民間企業であれば倒産という事態に陥った。その後昭和57（1982）年5月の臨時行政調査会の部会答申、昭和60（1985）年7月の国鉄再建監理委員会の意見書、同年11月の国鉄関連8法の成立を経て、昭和62（1987）年4月のJRの発足となったのである。この状況からも国鉄改革と運政審46答申は不可分の関係にあったと位置付けられ得るのである。

　戦後の交通政策研究では、交通部門に重心が置かれ、他の経済部門、経済計画、国土計画等との関連については考察が相対的に薄かったように思われる。この傾向からも総論部分を独立して扱おうとする試みが期待されていたのではなかろうか。

(3)　昭和46（1971）年における各所での総合交通体系論の試み

　総合交通体系論が各所で活発に論じられ、答申類が出されたのは昭和46（1971）年のことであった。中でも運政審46答申が世間にも最も大きなインパクトを与えたが、運政審、運輸省以外でも各所で試論が展開さ

（4）　なお、イコール・フッティング論は、運政審46答申時から論じられていたが、その原形ともいえる、いわゆるケネディー運輸教書は

　　　D. F. Pegrum: Transportation; Economic and Public Policy, 1963 Richard D. Irwin, Inc.

　　のAppendix1（p.585〜600）The Transportation System of Our Nation, 1962に収録されていることを、今後の議論の一助のために付記しておきたい。

れた。その契機となったのは昭和45 (1970) 年12月に出された運政審の中間報告であった。総合交通体系論に正面から取り組み、意欲的に検討していた同中間報告は本答申 (46答申) への重要な布石となるものであり、この動きが交通関係各所に強い刺激を与えるようになったからである。各所での一連の動向から、昭和46 (1971) 年は「総合交通体系論花盛りの年」ともいわれるようになった程である。

　時期としては同年 7 月に出された日本自動車工業会 (自工会) のものがいち早い段階であり、これは46答申発表前のことであるが、時系列的にみて当然のこととして自工会で念頭にあったのは46答申そのものではなく、その前の中間報告であったものと推察される。46答申が出された後、 9 月には建設省、警察庁の道路交通、道路交通管理を中心とした総合交通体系の考え方が示されたが、これらは運政審でのような審議会方式によるものではなかったとはいえ、46答申と同様に交通関係官庁での調整 (すり合わせ) が必要とされたものである。省庁としての建設省、警察庁の総合交通体系論、民間の代表としての自工会の総合交通体系論は次の第 4 章で紹介することとする。

　省庁の総合交通体系論は当然のこととして政治との関連が深く、そのための調整業務には経済企画庁が当たることとなった。昭和45 (1970) 年12月の運政審の中間報告直後の12月30日には保利茂内閣官房長官から佐藤一郎国務大臣に、陸海空一体という意味での総合的な交通体系を樹立するためとして、総合交通政策にかかわる行政各部の事務の調整について経済企画庁に担当させる由の通知がなされた。経済企画庁では昭和46 (1971) 年 1 月20日に「総合交通対策室」、「総合交通対策調査委員会」が設置され、各種の整理、検討がなされ、同年 4 月16日に「臨時総合交通問題閣僚協議会」が設置されることになったのである[5]。

（ 5 ）　臨時総合交通問題閣僚協議会での検討の準備段階として、総合交通対策室では直ちに総合交通対策にかかわる各省担当官会議を開き調整作業の範囲と進め

経済企画庁では46答申が出される直前の6月に「総合交通体系と問題点」として、交通需要の変化と問題点、交通部門投資と財源調達の2点を整理の上、総合交通体系の考え方を

① 交通部門以外の政策（国土開発、都市計画、産業立地、環境保全等）との調整と連携を十分考慮して、交通部門全体として最も効率が高く、国民に最大の満足をもたらすよう、交通部門内部での役割と分担関係を明確にすること② 協同一貫輸送や共同施設、結節施設などの整備を図ること、
③ 各交通機関の役割を十分発揮させるよう、運賃料金政策、財源調達方式、交通需要の誘導と規制などの諸方策を確立すること

と纏めている。建設省、警察庁の考え方が公表された直後の9月には「総合交通政策に関する基本的考え方（試案）（建設省）に対する意見」、「道路交通体系における道路管理（警察庁）に対する意見等」を纏め、さらに各省庁の考え方と意見の比較を行った上で、同年12月17日の臨時総合交通問題閣僚協議会の『総合交通体系について』の提示に繋げている。臨時総合交通問題閣僚協議会の総合交通体系論も確かに昭和46（1971）年に発表されたものではあるが、既発表の運政審、建設省、警察庁の考え方を踏まえたものであるという点で、やや異色の存在である。この意味でその内容等についての紹介は本書の第3章ではなく、第6章に廻すこととしたい。

方を検討するとともに、運輸省、建設省、警察庁、国鉄の所管事務へのヒアリングを開始した。ヒアリングの対象に国鉄が入っていたところに、国鉄問題を国鉄独自ではなく総合交通対策の中で処理しようという意図が伺えるといえよう（筆者推測）。

3-2　運政審46答申の背景について

(1)　諮問の狙い

　戦後わが国の交通政策論の大きな流れは前節3-1(1)で触れたとおりである。現実の政策レベルでの総合交通体系論はこれまで経済計画、国土計画の中で検討されてきたが（第 1 章参照）、独立のテーマとしてこれに取り組んだものはなかった。その意味でも総合交通政策、総合交通体系を正面から論じようとする試みそのものは画期的なことであり、その成果には交通関係者はもとより世間の関心度も高かったといえよう。

　昭和46（1971）年 7 月31日の運輸政策審議会（運政審）の答申（46答申）「総合交通体系のあり方およびこれを実現するための基本的方策について」への諮問理由はすでに第 2 章2-2(1)で示したが、その核心となるものは、総合交通体系を「陸海空の各種交通手段を合理的な輸送分担によって組み合わせて高度にシステム化された交通体系」として、そのあり方、実現のための基本方策を求めたものである。そこからは、まず陸海空の各種交通手段を一つの土俵に上げることが「総合」の前提であり、それらの合理的な輸送分担によってもたらされるものが「総合交通体系」であると理解されるが、当該輸送分担が市場競争に委ねられた帰結であれば、基本方策はそのための市場条件の整備であり、そうでない場合には政府介入による決定ということになろう。その際には市場競争の結果としてのあるべき姿の想定が必要とされるが、その姿を求めるためのシミュレーション分析の可能性も問われる。また、高度にシステム化された交通体系は合理的な輸送分担の組み合わせによるものとしているが、その組み合わせと高度なシステム化との関係も問われる。市場競争の結果での交通手段選択は合理的な帰結であることから、それが社会的費用を的確に反映してのものであれば、組み合わせ云々の議論は必要

のないものであろう。市場での選択には交通手段を組み合わせた帰結の反映ではないのであろうか。それとも市場参加者にシステム思考の工夫を"賢明とされる"公的機関が示すべきということなのであろうか。運政審の説く「総合交通体系」への解釈は一様には捉え難いというべきであり、事実識者によっても定まっているものではない。

　総合交通体系についての定義、考え方は、前節3-1(2)で引用した『鉄道政策論の展開』において執筆担当者である中西健一教授の狭義、広義のものを紹介しておいたが、次項(2)で改めてこれを整理しておこう。

(2)　狭義と広義の総合交通体系

　ちなみに、総合交通体系に類似した概念（ないし用語）は欧米でも使われているが、最も多く使われたのがイギリスでのco-ordinationである。とはいえ、co-ordinationは時代によって異なる意味で使われていることからも、わが国の総合交通体系をめぐる議論が分かれたことの先例に該当するのではとも思われる。そこで、既往研究[6]を活用して、したがって厳密な文献の引用等についてはそれらに譲ることとして、co-ordinationに関し極く簡単に振り返っておこう。

　co-ordinationの定義ついては、

①　1930年代のイギリスでは行政による市場規制の意味で使われた。具体的には1947年の交通法（Transport Act）による鉄道と道路の国有化はco-ordinationを集権的に遂行しようとするものであったことに象徴されている、

（6）　岡野行秀・蔵下勝行「総合交通体系と自動車交通」、今野源八郎・岡野行秀編『現代自動車交通論』（1979年8月、東京大学出版会）第Ⅶ章
　　岡野行秀・杉山雅洋「総合交通体系（政策）」、『日本の交通政策―岡野行秀の戦後陸上交通政策論議―』（2015年5月、成文堂）第2章

② 　1962年の通称Beeching Reportでは「十全な co-ordination はそれぞれの交通手段（この場合はイギリス国鉄と自動車）をそれぞれ最良の利用可能な手段であるような目的に使うことを基礎としなければならない」と述べられている。そこからは行政による市場規制はその一つの手段であると解釈されうる、

③ 　研究者サイドではErenst W. Williams, Jr.が1969年の論文で、２つ以上あるいはそれ以上の交通技術を、旅客、貨物を一つの直通輸送を可能にするように相互を結合して使用するという（今日の用語での）インターモーダル・トランスポートの意味で定義している。ここでの技術的な結合・使用は最も狭い意味での総合交通体系である

と整理される。

　これに対して、広義の総合交通体系は「技術的に」各種交通手段を合理的に組み合わせて高度にシステム化された交通体系だけを意味するものではなく、各種交通手段が「経済的に合理的な」輸送分担に組み合わされた交通体系を意味するのであって、上記③の定義は広義の総合交通体系の一部に過ぎないものである。その際、「経済的に合理的な」輸送分担によって高度にシステム化された交通体系は具体的にどのようなものであるのか、理想形（「青い鳥」）がありうるのか、それを実現するための方策はどのようなものであるのかが問われることとなるが、見解の一致は期待できにくい。その一例として、そもそも論として運政審の「中間報告―その１―」で示された理想形である「青い鳥」なる存在を求め得るのか、接近方法は基本的に市場機構尊重型か、政府の市場介入型なのかも大きく議論の分かれるところである。「中間報告―その２―」で打ち出された総合交通特別会計構想、その重要な財源となる自動車重量税の創設がなされたという点では手段の一部が実現されたと解釈する

ことも可能であるが、総合交通特別会計構想自体は実現には至らなかった（本書第5章5-3参照）。同構想の折に問題とされた特別会計としての道路整備特別会計も結果として（小泉改革）存続しなくなっており、同会計の主要財源である道路特定財源諸税も一般財源化されたという経緯を振り返ってみれば、政策論議のあり方は一様ではないというのが実情なのである。

　わが国運輸大臣の諮問では上記での広義の総合交通体系のあり方、実現策が求められたものといえようが、先に示した運政審「中間報告—その1—」での、待望される「青い鳥」論が具体的に示されなかったことからも、総合交通体系を明確に定義することの難しさが伺える。要は単純に"総合交通体系＝最適解"との思い込みに陥らないことに留意すべきなのではなかろうか。

(3)　答申の背景—交通インフラストラクチャーの実情—

　46答申での社会経済的背景には、「国民所得倍増計画」に誘引される昭和40年代前半の高度経済成長と交通インフラストックの不足があった。空前ともいえる高度経済成長を支えるべき各種社会資本、中でも交通関係社会資本の不足が大きなネックであるとの認識が強くなされたのである。これらは答申自体には綴られてはいないが、重要な背景になることは確かであるので、その実情を探っておこう。

　国民所得倍増計画が閣議決定された昭和35（1960）年度の名目国民総生産（GNP）[7]16兆2,070億円であったものが、昭和40（1965）年度には32兆8,137億円（対1960年比202.5%）、昭和45（1970）年度には73兆495億円（同450.7%）に増加したのに対し、国内輸送量は旅客（国鉄、民鉄、自動車、旅客船、国内航空の合計）が昭和35（1960）年2,432億7,5000万人

（7）　GNPは1979年の「国民所得統計年報」より表示形式がGDPへ変更となっている。

キロ、昭和40（1965）年3,824億8,100万人キロ（対1960年比157.2%）、昭和45（1970）年5,871億7,800万人キロ（同241.4%）であり、貨物（国鉄、民鉄、自動車、内航海運、国内航空の合計）がそれぞれ1,863億4,6000万トンキロ、3,506億5,600万トンキロ（同188.2%）、3,604億4,900万トンキロ（同193.5%）であった。従来は国内輸送量はGNPの動きと連動する傾向があった―対GNP弾性値が 1 に近かった―が、国内輸送量の伸びは経済成長より低い状況となっていた。しかしながら、基幹となる陸上輸送機関である国鉄と自動車では明らかに動向が違っていた。旅客では国鉄が昭和35（1960）年1,239億8,300万人キロ、昭和40（1965）年1,740億1,740万人キロ（対1960年比140.4%）、昭和45（1970）年1,897億2,600万人キロ（同153.0%）であったのに対し、自動車ではそれぞれ555億3,100万トンキロ、1,207億5,800万トンキロ（同217.5%）、2,842億2,900万人キロ（同511.8%）と経済成長を上回る伸び率であった。貨物では国鉄が同じく564億800万トンキロ、624億3,500万トンキロ（1960年比110.7%）、462億8,800万トンキロ（同82.6%）と小幅な増加から減少に転じたのに対し、自動車ではそれぞれ208億100万トンキロ、483億9,200万トンキロ（同232.6%）、1,259億1,600万トンキロ（同653.4%）と大幅な伸びを示していたのである。

　自動車の保有台数（三輪以上）も昭和35（1960）年に229万8,495台であったのが、昭和40（1965）年には723万8,641台（対1960年比314.9%）、昭和45（1970）年では1,816万4,912台（同790.3%）と急増したのに対し、自動車交通を支える道路インフラの整備は大きく後塵を拝していた。交通インフラストックの推計値は用いる手法によって異なる結果となりうるが、経済企画庁総合政策局の推計したもの[8]によれば、

（8）　経済企画庁総合計画局編『日本の社会資本―21世紀へのストック―』（1998年3 月、東洋経済新報社）、道路はp.123、国鉄はp.126。ただし後年での推計のため、平成 2（1994）暦年基準のものである。

	道路資本ストック	国鉄資本ストック
		（単位：百万円）
昭和35（1960）年	4,539,671	4,614,119
昭和40（1965）年	9,833,543	7,007,292
昭和45（1970）年	19,962,645	10,077,979
昭和61（1986）年	85,556,900	19,086,979

であり、ここでの基準年としての国鉄の最終年度の昭和61（1986）年度に比し、昭和35（1960）、昭和40（1965）、昭和45（1970）年度は道路でそれぞれ5%、11%、23%、国鉄で同じく24%、37%、53%であった。この点でも道路整備の後進性が伺えるが、より直感的な指標として主要道路の実延長、舗装率、大型車すれ違い可能（改良済みで幅員5.5m以上）率をみると

道路実延長（単位：km）

	高速自動車国道	一般国道	都道府県道	市町村道	合計
昭和35（1960）年	—	24,918	122,124	814,872	961,914
昭和40（1965）年	189	27,858	120,513	836,385	984,934
昭和45（1970）年	645	32,818	121,180	859,953	1,014,589

舗装率（単位：%）

	一般国道	都道府県道	市町村道
昭和35（1960）年	31.0	5.2	0.6
昭和40（1965）年	56.5	12.9	1.6
昭和45（1970）年	78.8	27.1	3.9

大型車すれ違い可能率（単位：%）

	一般国道	都道府県道	市町村道
昭和35（1960）年	48.1	14.0	3.7
昭和45（1970）年	66.5	18.9	4.5
昭和45（1970）年	81.2	31.1	6.3

と、激増する自動車をスムーズに受け入れる整備状況にはなかった。道
路実延長で若干の増加に過ぎず、高速自動車国道に至っては、わが国初
となる名神の部分供用（栗東〜尼崎間）が昭和38（1963）年 7 月16日、
全通は昭和40（1965）年 7 月 1 日のことであり、東名の全通でも昭和
44（1969）年 5 月26日と、高速道路時代は幕開け期に過ぎない頃であっ
たのである。

　これに対し、国鉄ではすでに全国ネットワークは完成、不採算路線対
策としてネットワークの縮小が課題とされねばならない状況にあった。
東海道新幹線が開業した昭和39（1964）年度には赤字に転落、その後は
赤字累積の一方であった。ただし、大都市鉄道では混雑状況が深刻であ
り、最混雑区間での平均混雑率（輸送人員÷輸送力×100）が『数字でみ
る鉄道』等で対比されるようになった昭和50（1975）年でも、首都圏で
221％、大阪圏で199％、名古屋圏で208％と、「体が触れ合い相当圧迫
感があるが、週刊誌なら何とか読める」という200％を上回る状況で
あった。国鉄のインフラ対策では整理すべきではない所（増強すべき所）
と整理すべき所が混在という形であった。

　このような実情から交通インフラ整備は先行投資型ではなく、隘路打
開型を余儀なくされていた。加えて運輸省が政策官庁に脱皮する上で
も、昭和60（1985）年を見据えて従来の後追い型である隘路打開型から
先行投資型への転換が強く意識されざるを得ないという状況であった。
そのためには、交通需要の予測とそれに応じた交通投資の効率性の研究
に関する抜本的な取り組みが必要とされたのである（第 2 章2-3参照）。
その際、交通サービスの特徴から政策論としては投資の効率性と公正が
要請されることとなるが、これが大きな課題とされたのである。

3-3 運政審46答申の概要

(1) 46答申の構成と中間報告との関係

　運輸政策審議会（運政審）は、運輸大臣諮問第1号に応え、昭和46 (1971) 年7月31日に、中山伊知郎会長から丹羽喬四郎運輸大臣に答申『総合交通体系のあり方およびこれを実現するための基本方策について』(以下、本書では運政審等の答申類を『　』書きで表示することとする) を行った。後に46答申と呼ばれるようになったものである。答申の構成は

　　序言
　　I　総合交通体系の意義と基本的な考え方
　　　1　総合交通体系形成の意義
　　　2　総合交通体系形成のための基本的な考え方
　　II　総合交通施設整備計画
　　　1　目標年次
　　　2　目標年次における経済の姿
　　　3　輸送需要の予測
　　　4　施設整備の考え方とその概要
　　　5　交通投資規模
　　III　総合交通体系形成のための行財政措置
　　　1　費用負担の合理化
　　　2　運賃料金制度
　　　3　新たな資金調達システムの創設
　　　4　その他の措置
　　別表1　輸送需要の予測（旅客）

　　別表 2　輸送需要の予測（貨物）

　　別表 3　GNP に占める交通関係社会資本投資

　　参考資料

となっている。

　半年ほど前に出された 2 つの中間報告との関連を探ってみると、まず
46答申での「Ⅰ　総合交通体系の意義と基本的な考え方」は「中間報告
―その 1 ―」の「2　問題の発端と課題の提起」、「3　総合交通体系の
社会的要請」、「4　望ましい交通体系への接近論理」を継承したもので
ある。次の「Ⅱ　総合交通施設整備計画」は「中間報告―その 1 ―」、「中
間報告―その 2 ―」では扱われているものではなく、46答申独自のもの
である。ただし、実質的には中間報告と独立のものではなく、輸送需要
の予測作業等は中間報告段階でも鋭意進められていたのは確かなことで
あり、それを受けてのものであろう。さらに「Ⅲ　総合交通体系形成の
ための行財政措置」は「中間報告―その 2 ―」の 3 〜 5 章（「3　激増す
る交通需要に対処する投資メカニズムの実現と交通施設間の投資メカニズム
の調整」、「4　交通機関における費用負担の適正化」、「5　運賃政策ないし
は負担政策の弾力的運用」）に関連している。「中間報告―その 1 ―」で
の青い鳥論、「中間報告―その 2 ―」での総合交通特別会計の設立の記
述は本答申ではみられない。交通関係省庁間での事前調整等から具体的
記述の困難さに直面したためと推測される。この意味では運政審46答
申は政治マター、行政マターでもあったといえるものである。次項では
46答申の内容を理念的なものと実際的なものに分けて紹介することと
したい。

(2)　46答申の内容(1)―基本的考え方と総合交通施設計画―

　46答申の内容に当たってみよう。「序言」では、各施設整備の所要資

金問題、自動車重量税の配分問題などの実現方策の細部には具体的には触れず、国鉄については将来の総合交通体系上の位置付けにとどめ、当面の緊急課題である財政再建問題には言及しないと断った上で、

　　　交通需要の増大と施設投資の増強
　　　総合的整備の必要性
　　　環境保全の必要性
　　　利用者の費用負担
　　　地方交通体系についての地域の選択

の5点についての要点を示している。国鉄問題に関しては、運懇の物的流通専門委員会の第3次中間報告での同委員会（WG）の位置付けの不明確さとの関連があっての断り書き（財政再建問題は扱わない由）であったのかもしれない。

　「Ⅰ　総合交通体系形成の意義と基本的な考え方」での「1　総合交通体系形成の意義」では、経済社会の客観的諸条件の顕著な変化の下で、交通部門が旧来の交通体系の連続的な延長で、個別体系ごとに社会的要請に対処しうることは量的にも質的にも不可能であるとの認識から、①現状の問題点としてイ.交通社会資本の立ち遅れ[9]、ロ.交通事故・交通公害の増大、ハ.公共交通機関の経営悪化、を指摘し、②将来社会への対応としてイ.国土の開発可能性の全国的拡大に寄与すること、

（9）　46答申は運輸省はもとより、少なからざる関係機関においても検討用としてその全文の印刷がなされた。それほどに関心が高かった証拠でもあろう。中でも前掲の『わが国の総合交通体系』では、答申本文とともに詳細な解説（第2編「解説」、第3篇「総合交通施設計画策定の方法」）も付されている。それによれば、昭和45（1970）年の交通社会資本ストックは約14兆円と昭和35（1960）年に比し2.5倍に増大しているいるが、輸送需要の伸びはこれを凌駕しており、相対的に著しい遅れをみせていると記されている。

ロ. 需要の高度化・多様化に応え得ること、ハ. 生活環境の保全の要請に応え得ること、ニ. いわゆるシビル・ミニマムの維持に寄与すること、ホ. 将来経済社会の国際化と情報化、労働力不足の深刻化等の変化にも十分対応しうるものであること等が必要であるとしている。

　これらの意義を踏まえた上で「2　総合交通体系形成のための基本的考え方」では、総合交通体系は一般の経済活動と同様に、交通市場における各交通機関間の競争と利用者の自由な選択を通じて形成されることが原則であるとしつつも、現実の交通市場が不完全であるため、また現実の交通サービスの価格には当該交通サービスを提供するのに要した社会的な費用が正確に反映されていない場合が多いため、開発利益等を交通機関に還元させるとともに社会的な費用をその発生者である交通機関に負担させる等の政策的措置を講ずることが必要であるとしている。

　今日振り返ってみても、この主張には論理上での異論はないものの、基本的考え方の重心（ないし本音）が市場重視型か、市場介入型に置かれるのが大いに問われることとなろう。市場介入型であれば政府の失敗（government failure）の起こらないことが前提とされるが、例えば答申の文中で示されている費用/便益分析による評価が果たして有効な結果に結び付くのかの吟味が必要となってくる。筆者（杉山）は費用/便益分析を支持する立場であるが、その一方で便益の計測可能性等で少なからざる課題があることも懸念材料であり、完全市場が理論的なケースだけのものであることを承知の上でも、重心の置き方は市場重視であるべきだと考えるものである。

　「II　総合交通施設整備計画」では、目標年次を昭和60（1985）年とし、その年次での国民総生産（昭和40（1965）年価格、以下同様）を200兆円、生産所得をおよそ160兆円、工業出荷額をおよそ220兆円としている。昭和60（1985）年の産業構造は、現在（答申時）に比し、第 1 次産業の比率が低下、第 3 次産業の比率が高まり、第 2 次産業の内部で

も構造変化が進行し、材料加工段階の工業より組立段階の工業の占める比率が相対的に高まるものとされている。これらは運政審独自の試算によるものではなく、政府各所でのマクロ予測値からの運政審なりの選択、判断である。地域経済社会の姿では新全国総合開発計画の分散型フレーム（表3-1）を踏襲し、施設整備計画策定のフローチャート（図3-1）からも明らかなように、輸送需要の予測では4段階推計法を用い、総流動を輸送時間と運賃・料金（表3-2）で機関配分し、旅客と貨物の交通機関別輸送量を表3-3、表3-4と予測している。なお、予測結果は実績値と比較して極めて過大なものであったが（とりわけ鉄道貨物輸送量）、これについては第6章6-1(3)で示すこととする。

　これに対応するために、全体として効率的なネットワークを形成しうる施設整備は①全国交通体系——旅客輸送では航空、新幹線鉄道、高速道路、貨物輸送では鉄道、道路、海運、パイプライン、ターミナル（複合ターミナル）——、②国際輸送、③大都市交通体系、④地方交通体系につき、当時として想定されうる具体的な姿を示しいる。①の全国交通体系では、全国交通ネットワークの形成に当たって全国交通体系相互間およびこれらと地域交通体系との間の有機的な連携を図る施設の整備、さらにこのネットワークと国際交通体系、とくにその拠点の整備を図る必要があるとして、旅客輸送と貨物輸送について論じている。

　旅客輸送では国民所得の増大に伴い、人数で昭和44（1969）年度の2.5倍、人キロで2.6倍と予測、これに対応するため効率的な高速交通体系を形成し、全国主要都市は東京、大阪の2大中枢管理機能集積地を中心とする1日行動圏にほぼ含まれることになるとされている。

　航空では札幌〜東京〜大阪〜福岡〜那覇の幹線を骨格とし、東京あるいは大阪と全国主要都市相互間を結ぶ網状パターン（後の用語でのいわゆるビームラインに相当）と結合した航空路線網の形成を行い、幹線では大型機の導入、その他の地方路線もほとんどがジェット化するものと

表3-1　計画のフレーム

(1) 全国フレーム

指　標	現状 44年度	新経済社会 発展計画 50年度	新全国総合 開発計画 60年	本答申 60年
人　口	1億265万人	1億993万人	1億2,000万人〜 1億2,300万人	1億2,000万人
GNP	52兆円	96兆円	150兆円	200兆円
国民所得	41兆円	74兆円	124兆円	165兆円
工業出荷額	46兆円	－	160兆円	216兆円
鉱工業生産指数 （昭和40年＝100）	193	392	575	77?
輸出金額	7兆円	16兆円	22兆円	30兆円
輸入金額	6兆円	14兆円	19兆円	27兆円

(注) GNP、国民所得、工業出荷額は40年価格である。

(2) 国民生産からみた産業構造　　　　　　　　　　　　　　　（単位（％）

	35年度	40年度	44年度	60年
1次産業	14.6	11.2	8.8	5.0
2次産業	36.4	36.0	39.1	40.0
3次産業	49.0	52.8	52.1	55.0

(注) 1次産業（農林水産業）、2次産業（鉱業、製造業、建設業）、3次産業（その他）。

(3) 工業の高度化について　　　　　　　　　　　　　　　　　　　単位（％）

	35年度	40年度	43年度	60年
「材料」部門	53.8	50,0	46.2	41.2
うち鉄鋼業	9.5	9.1	8.8	6.7
石油・石炭 製品製造業	2.2	2.8	2.6	2.5
「加工」部門	17.7	18.8	18.6	23.0
「組立」部門	28.5	31.2	35.2	35.8

(注)「材料」：工業部門の加工段階、非工業部門への原料（食品、繊維、木材製品、鉄鋼等）。
　　「加工」：部品、最終製品で単品的なもの（繊維製品、ゴム製品、金属製品等）。
　　「組立」：複数の部品によって組立てられる最終製品（家具、出版印刷、一般機械等）。

表3-1 計画のフレーム（続き）

（4）地域フレーム　　　　　　　　　　　　　　　　　　　　　　　　単位：億円

地　域	工業出荷額				
	43年度		60年度		60/43
		シェア		シェア	
1 北海道（北海道）	10,833	2.4	73,740	3.4	6.81
2 東北（北東北・表東北・裏東北・新潟）	20,936	4.5	161,087	7,5	7.69
3 関東（東関東・北関東・京浜葉・甲信）	165,995	36.1	699,077	32.4	4.21
4 東海（静岡・中京）	75,436	16.4	391,466	18.2	5.19
5 北陸（北陸）	10,807	2.3	52,797	2.4	4.89
6 近畿（近畿・阪神）	106,888	23.2	385,379	17.9	3.61
7 中国（山陽・山陰・山口）	34,036	7.4	177,816	8.2	5.22
8 四国（北四国・南四国）	11,089	2.4	59,776	2.8	5.39
9 九州（北九州・中九州・南九州）	24,181	5.3	154,466	7.2	6.39
計	460,198	100,0	2,155,554	100.0	4.68

地　域	生産所得				
	43年度		60年度		60/43
		シェア		シェア	
1 北海道（北海道）	17,078	4.4	75,800	4.6	4.44
2 東北（北東北・表東北・裏東北・新潟）	32.948	8.5	123,300	(5.5) 7.7	(2.7) 38.3
3 関東（東関東・北関東・京浜葉・甲信）	138,695	35.8	588,800	(39.7) 35.8	(4.7) 4.25
4 東海（静岡・中京）	44,542	11.5	212,800	12.9	4.78
5 北陸（北陸）	9,084	2.3	38,200	2.3	4.21
6 近畿（近畿・阪神）	73,949	19.1	320,700	19.5	4.34
7 中国（山陽・山陰・山口）	24,889	6.4	98,500	6.0	3.96
8 四国（北四国・南四国）	12,447	3.2	42,600	2.6	3,42
9 九州（北九州・中九州・南九州）	33,268	8.6	143,300	8.7	4.31
計	386,900	100.0	1,647,000	100.0	4.26

（注）1. 60年のGNPは200兆円である。
　　　2. 43年度実績値は工業出荷額については卸売物価指数（S43年度＝106.5）で、生産所得については、GNPデフレーター（S43年度＝114.0）で、40年価格にデフレートしたものである。60年も40年価格である。
　　　3. 生産所得のシェアー欄（　）内数値は集中型フレームの場合の値である。
出典：運輸政策審議会『総合交通体系に関する答串』 p.31

図3-1　施設整備計画策定のフローチャート

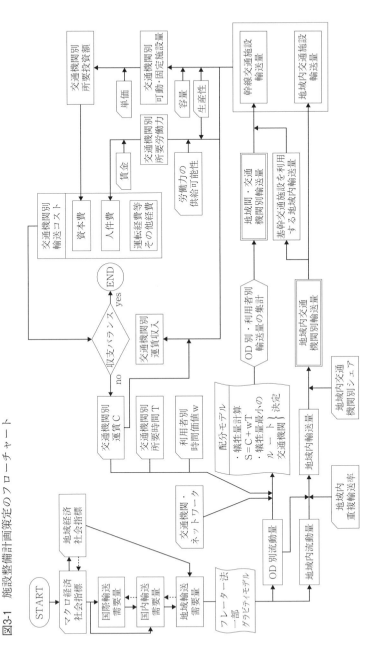

出典：表3-1と同様　p.30

表3-2　昭和60年の各輸送機関の運賃・料金および時間の想定

輸送機関			旅　客		貨　物	
			時間	運賃・料金	時間	運賃・料金
鉄　道	在来鉄道	幹線部分	1.0	1.6	1.0	1.6
		ターミナル・集配等	—	—	0.7	2.0
	新幹線		1.0	1.0	—	—
	フレートライナー	幹線部分	—	—	1.0	1.1
		ターミナル・集配等	—	—	1.0	1.9
自動車	在来道路		1.0	1.0	1.0	1.7
	高速道路		1.0	1.0	1.0	1.6
海　運	在来海運	幹線部分	1.0	1.8	1.0	1.7
		ターミナル・集配等	—	—	0.8	2.0
	カーフェリー	幹線部分	1.0	1.1	1.0	1.1
		ターミナル・集配等	—	—	1.0	1.7
航　空	航　空		1.0	0.9	—	—

(注) 1. 時間および運賃料金については45年度を1にした時の倍率を示す。
　　　2. 運賃料金については45年価格にてその倍率を想定した。
出典：表3-1と同様　p.32

　の姿を描いている。空港では羽田空港の抜本的な拡張を図り、さらに第3の空港の整備について検討、国内国際併用として新関西国際空港（原文ママ）の早急な建設の必要性を説いている。

　新幹線鉄道では目下（答申時）建設中の山陽、東北、上越に加え成田新幹線の建設促進、さらに超高速第二東海道新幹線（原文ママ）の建設等で昭和60（1985）年において総延長最大7,000kmを国鉄の経営問題としては在来幹線の収支をも考慮して建設する必要があるとしている。

　高速道路では現行計画（当時）の7,600kmの高速自動車国道の建設の他、地域高規格道路も整備するとされている。

　旅客輸送に関するこれら一連の内容を今日振り返ってみると、高度経済成長を背景に、交通施設整備のまさにそれ行け、やれ行けの時代であったとの感が否定できない。

表3-3　輸送需要の予測（旅客）

単位　百万人、億人キロ

年　次	昭和44年度					昭和60年				
GNP	52.1兆円					200兆円（3.8）				
輸送量 輸送機関	国際輸送 人　数	国内輸送 人　数		人キロ		国際輸送 人　数	国内輸送 人　数		人キロ	
総　計	2.9	38,007	100	5,286	100	47 （16.2）	94,000 （2.5）	100	13,980 （2.6）	100
航　空	2.9	12	0	70	1	47 （16.2）	100 （8.3）	0	540 （7.7）	4
鉄　道	—	16,043	42	2,750	52	—	30,500 （1.9）	32	6,170 （2.2）	44
自動車	—	21,785	58	2,421	46	—	63,060 （2.9）	67	7,080 （2.9）	51
海　運	—	167	0	45	1	—	340 （2.0）	1	190 （4.2）	1

（注）1. この需要予測は全国交通モデルおよびそのサブモデルを使用した条件付予測である。
　　　2. 国際輸送量は発着計　3.（　）内数字は対44年度倍率　4．GNPは40年価格
出典：表3-1と同様　p.26

表3-4　輸送需要の予測（貨物）

単位　百万トン、億トンキロ

年　次	昭和44年度					昭和60年				
GNP	52.1兆円					200兆円（3.8）				
輸送量 輸送機関	国際輸送 トン数	国内輸送 トン数		トンキロ		国際輸送 トン数	国内輸送 トン数		トンキロ	
総　計	467.1	4,830.1	100	3,507.6	100	1,748 （3.7）	20,340 （4.2）	100	17,380 （5.0）	100
航　空	0.1	0.1	0	0.6	0	5 （50）	4 （40）	0	.25 （41.7）	0
鉄　道	—	252	5	612	17	—	820 （3.3）	4	4,185 （6.8）	24
自動車	—	4,165	86	1,198	34	—	17,790 （4.3）	87	5,075 （4.2）	29
海　運	467	413	9	1,697	49	1,743 （3.7）	1,650 （4.0）	8	8,030 （4.7）	46
パイプライン	—	—	—	—	—	76 （—）	 （—）	1	65 （—）	1

（注）1. この需要予測は全国交通モデルおよびそのサブモデルを使用した条件付予測である。
　　　2. 国際輸送量は輸出入計で、その内訳は輸送量217（4.3）、輸入量1,531（3.7）である。
　　　3.（　）内数字は44年度倍率　4．GNPは40年価格
出典：表3-1と同様　p.26

貨物輸送では輸送需要規模をトン数で昭和44（1969）年度の4.2倍、トンキロ数で5.0倍と予測、そのためには抜本的な施設整備とともに、専用輸送の促進、協同一貫輸送方式の活用等、効率的な貨物輸送体系の整備が必要とされている。

　鉄道ではヤード集約方式から直行輸送方式へのシステムチェンジで専用輸送、フレートライナー等に重点に置いた中長距離陸上貨物輸送の動脈としての活用、新幹線鉄道建設区間では通勤・通学を除く旅客輸送の大部分を新幹線に移行、幹線約10,000kmの複線電化で貨物輸送に活用といったことが提唱されている。

　道路では全国高速自動車国道網の整備と一般道路の整備を進めるとともに、港湾、拠点貨物駅、複合ターミナル等各種ターミナルへのアクセスとしての自動車専用の高規格な道路への配慮が必要であるとしている。

　海運では大規模工業基地、大規模畜産等産業立地の大規模化、遠隔地化で内航海運の長距離輸送に占める役割が一層重大になること、そのためには専用船の増強、各地の主要港湾での専用埠頭の整備、流通拠点港湾の重点整備、複合ターミナル等の整備が行われるものとしている。

　わが国では結果的に実現されることのなかったパイプラインは、大量流動拠点間の幹線集約輸送の推進のためとされていた。

　ターミナルの整備では機械化、省力化した物資別の大型ターミナルや各輸送手段間の選択、組み合わせをも可能とする複合ターミナルを指向しなければならないとされた。

　②の国際輸送では、旅客輸送で主要な国際空港として新東京国際空港（現 成田国際空港）と新関西国際空港の建設、これを補完するためのものとして名古屋、福岡、那覇等の空港を整備するとし、貨物輸送で臨海立地に伴う大規模工業港湾の整備とともに、外国貿易港湾としての東京湾、伊勢湾、大阪湾、関門地区等の重点整備、国際空港における貨物

取扱施設、シティ・エア・カーゴ・ターミナルの整備、さらには国際貨物空港の建設の検討も謳われている。

③の大都市交通体系では、東京、大阪等の大都市では抜本的な措置を講じないと交通問題はますます激化すると考えられるので、鉄道、モノレール、バス等の公共交通機関の計画的整備、街路および外郭環状道路の整備等を強力に実行すべきであるとする。

旅客輸送では高速鉄道については土地利用計画との整合性をもたせること、ラッシュ時の混雑を大幅に緩和させること、都心業務地区の路面交通需要を可能な限り吸収すること等を考慮しつつ、計画的にその整備を行う必要があるとしている。バスはその機能を十分に発揮させるため、現在のバス路線網の抜本的な再編整備、バス専用レーンの設置、バス優先レーンの拡大が急務であるとしている。タクシーでは運賃水準の適正化、道路については道路交通安全施設、交通管制システム等の整備の促進を挙げている。

貨物輸送では大宗を担う自動車の輸送効率を図るため、現在都心部に立地する生活・流通機能を積極的に都市周辺部に分散させるとともに、外郭環状の鉄道、道路の整備による通過交通の都心部流入の排除、外周部での流通団地、複合ターミナル等の建設、域内輸送のための集配センターの設置による集散輸送（原文ママ）の合理化、交錯輸送の削減を図るべきであるとしている。

④の地方交通体系では、非効率な輸送手段を効率的な輸送手段へ転換させるとともに、ミニマムとしての公共交通機関の確保という観点からの地方交通網の再編整備が喫緊の問題となっているという認識から、国民経済上最も効率的な輸送手段によるべきであるとしている。既設の国鉄ローカル線、中小私鉄線のうち自動車輸送に代替することが適切なもののバス等自動車への転換、非効率なバス輸送の乗用車等を主体として多目的な需要に機動的に応じうるような新しい方法の公共輸送サービス

表3-5　GNPに占める交通社会資本投資

	実績 44年度	新経社発展 計画50年度	新全総計画 60年	本答申 60年
国民総生産 （V）	52.14（100）	95.99（100）	150.00（100）	200.00（100）
政府固定資本形成 （Ig）	4.31（8.3）	9.68（10.1）	15.86（10.6）	25.00（12.5）
交通関係公共投資 （Igt） 〃（用地費を含む）	1.53（2.9） 1.70（3.3）	3.11（3.2） 3.46（3.6）	― ―	8.00（4,0） 9.00（4.5）
Igt/Ig	35%	32%	―	32%

（注）1. 60年（本答申）の交通関係公共投資額は別表1（本書では表3-3）および2（本書では表3-4）の需要予測（国際輸送を含む）に基づいて試算した。
　　　2. 60年（本答申）におけるIg/Vは12.5％とした。
　　　3. 交通関係公共投資に占める用地費の割合は10.0％とした。
　　　4. 60年（本答申）の交通関係公共投資には私鉄に係る投資を含む。
　　　5. 交通関係公共投資のうち、鉄道については車輌を含む。
出典：表3-1と同様　p.26

への転換が考慮されるべきであるとしている。

　これらの計画での交通投資（用地費を含む）規模は昭和45（1970）年価格でおおむね100兆円、昭和40（1965）年価格で約80兆円になると試算しており、この規模達成には、GNPに占める交通社会資本投資（私鉄を含む）の比率を現在（答申時）の3％から約4％に高める必要があるとしている（表3-5）。

(3)　46答申の内容(2)―行財政措置―

　「Ⅲ　総合交通体系形成のための行財政措置」については次に示す1〜4までの4項目が論じられている。「1　費用負担の合理化」では、交通施設の建設・維持費は可能な限り利用者負担によるべきだとした上で、シビル・ミニマム的性格の強い施設、国の分散政策遂行のための施設の先行整備、特定の施設の利用を政策的に誘導する必要のある場合、必要最小限度の財政援助を行うべきだとしている。その際、費用負担の

合理化を図るため、受益者負担としつつ、

① 長期の懐妊期間の巨額な先行投資には、財政による利子補給、出資金等で負担軽減、

② ほぼ利用者負担によっている空港の建設・維持等に関し、さらに利用者負担による一層の騒音対策の強化の必要性、

③ 受益の範囲が特定困難な施設、地方港湾には一般財源からの支出によるべきだが、今後可能な範囲内で利用者負担の原則拡大に努めるべき、

④ 一般道路での車種間の費用負担、重量による道路損傷に対する原因者負担の適正化、騒音・大気汚染等社会的費用の負担の検討が必要、

⑤ 都市高速道路の建設には国および地方公共団体の財政支出により、資本費の負担軽減が必要、建設主体と経営主体の分離、間接受益者への課税、負担金の徴収等も検討すべき、運賃によって経費を回収しえない都市におけるバスについても所要の財政上の措置が必要、

⑥ シビル・ミニマムとして維持すべき地方の公共交通機関には、利用者の運賃負担力が限度を超える部分について国および地方公共団体による最小限度での経営補助が必要

としている。ここでは効率性とともに公平性が指摘されているが、公平性の基準、両者の扱いが明確に示されていない。難しい課題であるとは認識しているが、運政審としての試論があってもよかったのではないかとの筆者（杉山）なりの思いは否定できない。

　「2　運賃料金制度」では、①考え方として、運賃料金＝コスト＋適正な余剰、の必要性、交通関係の公共料金抑制措置の再検討の必要性を

説き、②公共負担の是正では、公共政策割引による公共負担でのいわゆる内部補助が困難になっていることから、サービスの廃止が国の政策上不適当なものには、所要の財政的補塡がなされるべきこと、③運賃制度の弾力化では、各交通機関の競争を通じて効率的な輸送体系の形成促進を基本とし、国鉄の硬直的な運賃制度を改め、弾力的な運賃制度とすべきである（特に貨物運賃）とされている。ここで指摘されている①、②、③はもっともなことであり、欲をいえばわが国での交通政策論議上運政審より早い段階で指摘されてもよかったのではとも思われる。

「3　新たな資金調達配分システムの創設」では、本来は陸海空すべての交通機関の施設整備を対象に、総合的な計画の下に資金調達と投資配分を行うことが望ましいとしつつも、現段階で一挙にそのようなシステムの設置を図るよりは、むしろ当面はその資金調達が困難である交通施設のみを対象にし、その所要資金の調達と適正な配分を可能とするような新しい資金調達配分システムの創設を行うべきであるとしている。「中間報告—その2—」で設立が提唱された総合交通特別会計の具体名は示されておらず、当面は重点投資に焦点を絞っている。交通関係省庁での調整の問題とともに、財政当局の特別会計制度への難色が強かったためとも推察されるが、この点でもその良し悪しは別として、中間報告との一貫性という面での課題であろう。

Ⅲ章での最後となる「4　その他の措置」では、

① 超高速鉄道、原子力船、STOL（短距離離着陸機）・VTOL（垂直離着陸機）、新しい大都市交通システム等の新しい交通機関、交通安全や公害防止の技術、交通施設の施工技術等については、その研究開発を積極的に確立する必要があること、

② 総合交通体系全体としての効率向上のためには情報システムの整備が必要であること、

③　交通事故対策として、公正中立な立場と科学的裏付けにより調査する専門機関を設け、将来の事故防止に寄与する必要があること、

④　総合交通体系実現のため、社会的環境の著しい変貌に対処しうるルールが必要であること、交通に関する各種の法令制度を根本的に再検討し、新しい制度の検討を速やかに図ること

と結んでいる。

　以上46答申全体を眺めた場合、高度経済成長を背景とした積極的な交通施設整備の点をさておき、今日での視点からは当然とも思えることの指摘に終始している感も否定できないが、当時としてはそれまでの制度論的政策論に比し、（経済学的にも──その厳密な吟味は別として──）評価すべき整理は決して少なくない。その点では画期的なものともいえるが、「総合」という意味で考えられる施策をほぼ網羅的に挙げているものの、わが国の答申類での特徴でもある主語（整備主体）がいかようにでも読めること、各種施策毎の費用的裏付けとその効果の検討[10]はもっぱら行政任せとの印象も拭えない。この点で本書の第 4 章4-3で紹介する日本自動車工業会の試論で「フィジカル・システム」から「エコノミック・システム」への重点化の主張がなされる余地も出てくるものといえよう。

　その一方で、2 つの中間報告で示された意欲的な検討姿勢を46答申本体で読み取ることは出来難く、中間報告の発展に期待を寄せた者は、

（10）　前掲の『わが国の総合交通体系』の第 3 篇では「第 3 章　総合交通施設整備計画の策定」で算出方法としての投資額、収支計算が示されているが、少なくともその要点は答申本体の別表ないし参考資料の中に添えられていてもよかったのではなかろうか。答申本体が簡潔かつ分かりやすさを旨としたという事情は理解できるものの、当時としては『わが国の総合交通体系』を活用出来た人は限られていたことを勘案すると、いささか残念であったと思われる。

本答申ではいささか拍子抜けであったと感ずる人がいても不思議ではない。内容が総花的といっては言葉が過ぎるかもしれないが、これが総合交通体系論なのかとも推論できない訳でもない。答申は基本的な考え方、方向を示すべきものであって、具体論は行政の役割としているためなのであろうか。

　なお、運政審自体は同年8月20日に「大都市交通におけるバス・タクシーのあり方、およびこれを達成するための方策」に関する答申を出しているが、同答申はバス・タクシーの輸送分野のあり方、その運賃のあり方、行政の取るべき施策を論じたものであり、総合交通体系論とは同類のものではないためその紹介は控えたい。

第**4**章

各所の総合交通体系論

昭和46（1971）年には総合交通体系論については運政審だけでなく、各所で試みられた。46答申に比べ相対的に注目されることは限られていたものの、各々意欲的なものであった。本章では、その主要なものとして交通関係官庁での建設省、警察庁、民間部門での日本自動車工業会での主張を取り上げてみたい。それらは、諮問→答申、という形式をとったものではなく、必ずしも（運政審で試みられたような検討レベルでの）すべての交通機関を明示的に念頭に入れた交通政策論でもなかったが、それぞれの箇所の立場から総合交通体系を論じようというものであった。各所で論じられたという意味で昭和46（1971）年はまさに「総合交通体系論花盛りの年」であったといえる。各所の発表月は運政審46答申と前後しており、時期的には日本自動車工業会のものが最も早いが、以下での紹介の順序として、運政審46答申との相互調整が必要とされる官庁のものから始めることとする。

4-1　建設省『総合交通政策に関する基本的考え方』

　昭和46（1971）年9月に出された建設省の報告書[1]の目次は

　　序論
　　1．国土および国民生活の変貌と交通需要
　　　(1)国土構造と交通需要
　　　(2)産業と交通需要
　　　(3)国民生活と交通需要
　　2．交通施設の機能と役割

（1）　同報告書は前掲『わが国の総合交通体系』のp.269〜294に収録されている。

　(1)望ましい国土構造、都市構造への誘導

　(2)交通需要の特性と各交通機関の機能

３．交通需要の見通し

　(1)前提としたフレーム

　(2)交通需要の見通し

　(3)自動車の保有台数および年間走行台キロの見通し

４．交通施設整備の方向

　(1)全国的幹線交通ネットワークの整備

　(2)都市交通体系

　(3)地方交通体系

　(4)環境保全と安全確保

　(5)道路整備の所要投資額

５．交通施設の費用負担

　(1)利用者負担の原則

　(2)負担の均衡化

　(3)公共負担の措置

６．交通施設整備の財源調達

　(1)財源調達の方向

　(2)自動車重量税の性格と使途

　(3)開発利益の還元

である。建設省は道路行政、道路整備の所管官庁であったことから、道路交通を中心とした政策論となっている。

(1)　今後の交通需要の動向と交通施設

　「序論」では、わが国経済社会の変化、それに伴う社会的要請に有効かつ適切に対応するとともに、国土の均衡ある発展と実りある経済社会

の達成促進の観点から、総合交通体系の形成の基本的考え方は

(イ)　交通体系は国土計画、地域計画および都市計画の一環として位
置付けられ、先行的に整備されなければならない、

(ロ)　ターミナル、駅前広場および駐車場等の交通結節点施設を適切
に計画し、整備する必要がある、

(ハ)　とくに道路は交通施設としての機能、都市環境の整備ととも
に、新しい生活空間を創出する等の多面的な役割を有するとい
う交通部門以外からの要請に十分配慮する必要がある、

(ニ)　交通施設は経済社会の発展に伴う輸送構造の変化に弾力的に対
応し、その近代化を通じ常にネットワークの効率性が確保され
るように、国民の選択に基づく動向を尊重して整備されるべ
き、

(ホ)　交通施設の整備財源の確保には、公共投資重視型金融制度を確
立し、公債の大幅発行、一般財源の投入、特定財源の強化等を
図る必要がある、

(ヘ)　交通施設の計画的かつ先行的な整備を促進し、土地利用と交通
施設の調和がとれた市街地発展の誘導には、公共優先の立場に
立った土地政策の確立を図る必要がある

とされている。

(ハ)は道路行政の所管官庁である建設省ならではのものであるが、注目
すべきは(ニ)のネットワーク構成には国民の選択を優先し、運政審46答
申でのケースの当該箇所の政策措置云々の記述のないところである（本
書第3章3-1(2)参照）。その一方で、(ホ)では公債の大量発行、一般財源の
投入等の納税者負担も主張されていることから、受益者負担原則が必ず
しも一貫されている訳ではない。

　「1.国土および国民生活の変貌と交通需要」では、まず「(1)国土構想と交通需要」で大きな変貌をみた国土構造はとりわけ大都市での通勤難、都心部での業務交通混雑等での交通問題を引き起こし、地方農山村、とりわけ過疎地域での最低限の足の確保すら困難を生ぜしめたこと、そのためには過密・過疎現象を根本的に解決するとともに、国土全体の有効利用と均衡ある発展を図ることが1970年代での国土政策としなければならないと説かれている。次に、「(2)産業と交通需要」で鉄道から自動車への輸送需要の急速な転換がもたらされたこと、1970年代では知識集約産業が発展するため自動車交通への依存度が引き続き高まること等が想定されている。その上で、「(3)国民生活と交通需要」で1970年代においても商品の輸送需要構造の変化、移動回数の増大を予想している。

　「2.交通施設の機能と役割」では、交通体系の基本的役割として国土および都市の骨格の形成、生活空間の創造、多種多様な交通需要への適切な対応の3つを挙げ、これらの役割が有効かつ適切に果たされるための配慮として、「(1)望ましい国土構造、都市構造への誘導」、「(2)交通需要の特性と各交通機関の機能」が必要であるとしている。前者の「(1)望ましい国土構造、都市構造への誘導」では、先行的な交通施設整備は望ましい国土構造あるいは都市構造を実現する手段となりうるが、それが交通部門のみの要請に基づくものであれば、国土利用の不均衡、国民福祉向上の阻害の恐れがあるとして、地域の特性に応じた合理的な交通機関の選択にするとともに、ネットワークを国土計画、地域計画および都市計画の一環として計画しなければならないとしている。後者の「(2)交通需要の特性と各交通機関の機能」では、多種多様な交通需要が所得水準の向上、商品の価格構造の変化等に伴ってその選択に大きな継続的変化が生じたことから、各交通機関が果たすべき役割と分担関係を旅客輸送と貨物輸送に分けて推論している。旅客輸送での交通機関別分担のあ

り方、その将来見通しを

①　地域間の長距離・中距離輸送では新幹線、在来鉄道および航空
　　機がその主役を担うこととなるが、輸送需要規模が比較的小さ
　　な地域間公共輸送では高速道路を利用した高速バスがより高頻
　　度のサービスを提供しうる、

②　短距離輸送では、国鉄幹線、高速バスおよび自動車交通が互い
　　に競合、時間価値の増大に伴い、自動車交通への依存度が高ま
　　る、

③　大都市・地方中核都市での通勤輸送は、都市高速鉄道、モノ
　　レール、通勤高速バスの活用が図られるべき、

④　大都市・地方中核都市での自動車交通の大半を占める業務交通
　　は、地下鉄、バス等での代替は困難な性格のため、今後も自動
　　車交通に依存する、

⑤　地方都市における通勤交通は、バス、モノレール等の大量輸送
　　機関とともに、自動車もその主要な役割を占める、

⑥　地方農山村では、今後あらゆる目的での交通で自動車が主要な
　　交通手段となる。しかしながら過疎地域でのバス輸送は今後と
　　もその存続を図ることが必要、

⑦　大都市近郊の住宅都市や地方都市では、生活交通のための自転
　　車専用道の整備等により、今後ともその利用を確保することが
　　必要

と想定している。貨物輸送では

①　自動車の輸送距離帯の拡大が進展、

②　自動車輸送と内航海運が発展した結果、鉄道輸送はあらゆる距

離帯でその優位性を喪失、

③　①、②より、将来における輸送距離帯別輸送機関分担率は、雑貨では短距離輸送で自動車が大宗の役割、大規模な輸送需要が恒常的に発生する中距離輸送では自動車輸送とフレートライナーの競合、地方中小都市では今後とも自動車輸送が中心となると想定、

④　短距離輸送ではほとんどすべての物資が自動車による輸送、中・長距離輸送では機械、繊維工業品、食料工業品等重量容積当たりの価格が高い物資および野菜、畜産物等の近郊的農産物では自動車輸送、化学肥料、紙パルプ、穀物等重量容積当たりの価格の低い物資は鉄道輸送、石炭、砂利、砂、石材、鉄鋼、石油製品等は内航海運が選好される傾向がみられるが、この傾向は固定的ではなく、石油製品、セメント等を除く大部分の品目において自動車輸送への選好の高まり、

⑤　今後各輸送機関の近代化の促進により、自動車輸送では大型トレーラーが普及、鉄道輸送でのフレートライナーの進展、内航海運でフェリー輸送および専用船化が進展、液体燃料の輸送においてはその効率性と安全性を確保するためパイプライン輸送の活用

と、現状分析から将来像を示している。

　交通市場の観察、将来の姿の想定を試みた「2．交通施設の機能と役割」では、特段目新しい内容は見い出しにくいが、現状を踏まえて将来を論じているという点を勘案すると、事後的にも納得しうるものが少なくない。ただし建設省の報告であるだけに、当然のことながら管轄する道路整備および道路交通に力点が置かれているとの印象が強く残るという点は否定できない。

(2) 交通需要の見通しと交通施設整備の方向

　「3．交通需要の見通し」では、昭和60（1985）年を目標年次としてマクロフレームを人口1億2,090万人、GNP215兆円、工業出荷額265兆円と想定している（表4-1）。運政審46答申でのフレームと比較して、人口は同じだが、GNPは運政審46答申での200兆円、工業出荷額は216億円の想定に対して高めとなっている。産業構造では表4-2のように就業者数（第2次、第3次）の比率が昭和45（1970）年の81％から昭和60（1985）年には94％に、生産所得のそれは90％から97％に増えるものと想定されている。工業構造では高次加工部門および知識集約部門の割合が増えるものとされている（表4-3）。地域構造では関東臨海（1都3県）、東海（3県）、近畿（1府2県）の全国人口に占める比率は昭和45（1970）年の47％から昭和60（1985）年には52％に上昇するが、その他の地域では53％から45％に低下、工業出荷額に占める関東臨海、東海、近畿臨海の比率は66％から43％に低下と、大規模工業基地の遠隔地立地等で全国に拡大するものとされている。新全総での分散型フレームに基づいているという点では運政審46答申のケースと同様である。以上より、旅客国内輸送人員は966億人、貨物国内輸送トン数は184億トンと予測された（表4-4、表4-5）が、運政審46答申での940億人、203.4億トンと比較し、貨物で低めの推計となっている。

　道路交通政策のベースとなる自動車の保有台数は4,500万台、走行台キロは6,709億台キロと昭和44（1969）年から双方とも3.2倍に増加するとの見通しが示されている（表4-6）。

　昭和60（1985）年での交通需要の見通しに対処するための「4．交通施設整備の方向」では、全国幹線交通ネットワーク、都市交通、地方交通、環境の保全と安全確保での方針を示した上で、昭和45（1970）年度から昭和60（1985）年度までの道路整備の所要額を85兆円と算出している。全国的幹線交通ネットワークを整備するためには

表4-1　全国フレーム

項目	昭和44年度	新全総 昭和60年度	本試算 昭和60年度
人口	1億265万人	1億2000万人 ～1億2300万人	1億2090万人
国民総生産	52兆円	130～150兆円	215兆円
国民所得	41兆円	100～120兆円	173兆円
工業出荷額	55兆円	160兆円	265兆円

(注) 国民総生産、生産所得および工業出荷額は昭和40歴年価格である。
出典：運輸経済研究センター『わが国の総合交通体系』　p.279

表4-2　産業構造

分類	就業者数				生産所得			
	昭和45年度		昭和60年度		昭和44年度		昭和60年度	
	千人	%	千人	%	兆円	%	兆円	%
第1次産業	10.066	19	3.600	6	4	10	5	3
第2次産業	17.651	34	23.750	42	19	46	75	43
第3次産業	24.325	47	29.500	52	18	44	93	54
計	52.042	100	56.850	100	41	100	173	100

(注) 生産所得は昭和40歴年価格である。
出典：表4－1と同様　p.280

表4-3　工業構造

分類					新全総		本試算	
	昭和40年		昭和44年		昭和60年		昭和60年	
	兆円	%	兆円	%	兆円	%	兆円	%
基礎資源型	8.6	29	16	29	46	29	72	27
地方資源型	8.4	29	12	22	32	20	53	20
金属加工型	9.2	31	21	38	61	38	106	40
雑貨型	3.3	11	6	11	21	13	34	13
計	29.5	100	55	100	160	100	265	100

(注) 昭和40歴年価格で、昭利44年出荷額（全事業所分）は30人以上事業所分より推計したものである。
出典：表4-1と同様　p.280

表4-4 旅客国内輸送人員

機 関	昭和44年度 (A)		新全総 昭和60年度（B）		本試算 昭和60年度（C）		B/A	C/A
	億人	%	億人	%	億人	%		
自動車	218	57	476	64	614	64	2.2	2.8
航　空	—	—	1	0			—	
鉄　道	160	42	266	36	}352	36	1.7	}2.2
海　運	2	1	—	—			0	
計	380	100	743	100	966	100	2.0	2.5

出典：表4-1と同様　p.282

表4-5 貨物国内輸送トン数

機 関	昭和44年度 (A)		新全総 昭和60年度（B）		本試算 昭和60年度（C）		B/A	C/A
	億トン	%	億トン	%	億トン	%		
自動車	42	88	77	87	160	87	1.8	3.8
鉄　道	2	4	4	4			2.0	
海　運	4	8	7	8	}24	13	1.8	}4.0
その地	—	—	1	1			—	
計	48	100	89	100	184	100	1.9	3.8

出典：表4-1と同様　p.282

表4-6 自動車保有台数および走行台粁

車種	保有台数					走行台粁				
	昭和44年度 (A)		昭和60年度 (B)		B/A	昭和44年度 (C)		昭和60年度 (D)		D/C
	千台	%	千台	%		億台粁	%	億台粁	%	
バ　ス	164	1	560	1	3.4	50	2	190	3	3.8
乗用車	6.392	45	32.180	72	5.0	1.006	48	3.541	53	3.5
小　計	6.556	46	32.740	73	5.0	1.056	50	3.731	56	3.5
普湧トラック	710	5	2.020	4	2.8	224	11	885	13	4.0
小型トラック	7.018	49	10.240	23	1.5	822	39	2.093	31	2.5
小　計	7.728	54	12.260	27	1.6	1.046	50	2.978	44	2.8
計	14.284	100	45.000	100	3.2	2.102	100	6.709	100	3.2

（注）1. 二輪車類、特殊車等を除く。
　　　2. 保有台数は年度央の値である。
出典：表4-1と同様　p.283

① 航空は全国の主要都市を 1 日行動圏に収容するための超高速
旅客輸送手段として、国際航空とも連携した整備を推進する、

② 新幹線鉄道は中・長距離旅客輸送手段として、大都市と地方中
核都市等を直結し、その時間距離を飛躍的に短縮する、

③ 高速道路網は国土開発の基本的かつ効率的戦略手段となるもの
であるため、規定計画の7,600kmの完成、地域開発の進展に応
じて高速道路またはこれに準ずる高規格の道路を整備する、な
お東海道等大量の交通需要が発生する地域では第 2 東名、第
2 名神の高速道路を整備する必要がある、

④ これらの高速輸送体系の有機的関連の下に、一般国道網、幹線
鉄道網および港湾施設の整備を推進する

とされ、都市交通体系では、都市交通の効率を確保するとともに、望ま
しい都市構造への発展を誘導するものでなければならないとし、望まし
い都市構造への誘導と安全快適な生活空間の創造、都市交通の効率性の
確保の双方が必要であるとしている。前者では

① 大都市では都心、副都心等を相互に連絡する都市高速道路およ
び都市高速鉄道、環状道路およびこれと連携した流通業務市街
地、交通結節点施設、駐車場等の整備を推進する、

② 地方中核都市では市街地形成の骨格となる道路、通過交通のた
めのバイパス道路、流通施設、駐車場等の整備を推進する、

③ 既成市街地の整備を推進し、安全で快適な生活環境を創出する
ため、市街地整備と一体となった道路整備の推進をするととも
に、避難街路、区画街路等の生活道路を整備する、

④ 市街地の秩序ある発展、住宅用地の大量供給に資するよう、新
市街地の面的整備のための街路整備を積極的に推進する、

⑤　新幹線鉄道駅、空港、港湾等の新設位置は都市計画の一環とし
　　て計画されるべきこと

等が必要とされている。後者では

①　通勤交通では、大都市および地方中核都市においては鉄道、モ
　　ノレールおよびバス、地方都市においてはバスを主体とした大
　　量輸送機関によるものとし、このためには都市鉄道の計画的整
　　備の推進、バス路線網の再編成、バス優先車線の設置、バス
　　ターミナルの整備等によるバス輸送の効率化を図る、
②　主として自動車交通によるものとなる業務交通では、自動車交
　　通の効率性を確保するためには、大都市および地方中核都市に
　　おける都市高速道路網の建設を推進するとともに、都市再開発
　　の活用により都心部周辺における放射状の幹線道路網を整備す
　　る、
③　都市内における貨物輸送はそのすべてを自動車輸送に依存しな
　　ければならないので、幹線街路網の整備の強力な推進、市街地
　　外周部に高規格の環状道路の建設、これと港湾、都市間高速道
　　路、貨物拠点駅等と直結する必要がある、
④　とくに道路交通については、交差点の立体化、鉄道の高架化等
　　の推進、広域交通制御等の交通管制システムの整備、交通情報
　　システムの整備等を推進する、
⑤　各交通機関相互の結節点の未整備対策として、駅前広場、バス
　　ターミナル、駐車場等の整備を強力に推進する、
⑥　都市交通の効率化のためには、モノレールをはじめデマンドバ
　　ス、動く歩道等各種の新しい交通システムを開発、積極的にこ
　　れを導入していく

等が必要であるとされている。

　地方交通体系では、地方農山村部における生活圏中心都市の道路網および駐車場、中心都市と各集落を結ぶ幹線道路並びに圏内各集落における生活道路の整備を促進する必要があり、またいわゆる過疎地域におけるナショナル・ミニマム的公共交通サービスの確保は、集落の再編成等を含めた総合的な政策の一環として検討されるべきとされている。

　環境の保全と安全確保では、自動車による排気ガスと騒音・航空機や新幹線鉄道の騒音・船舶による海水汚濁等、その解決が課題となっていることから、環境の保全と新たな環境の創造、交通安全の確保のために、前者では㋑望ましい都市環境の形成、㋺道路構造の改善と自動車の改良、㋩道路交通管理の徹底、㊁自然環境との調和等で、後者では㋑生活環境空間と交通空間の分離、㋺交通安全施設の整備、㋩交通規制の強化と安全教育の徹底等が必要とされている。

　これらの交通施設整備の方向を踏まえて、昭和45（1970）年度から昭和60（1985）年度までに必要な道路投資額（昭和45（1970）年価格）は

　　イ．全国的な幹線道路網
　　　①高速自動車国道およびこれに準ずる高規格の道路
　　　　　　　　　　　　　　　　　9,300km　　　　　12兆円
　　　②一般国道
　　　　1次改築　　　　　　　　　7,600km　　1兆7,000億円
　　　　再改築　　　　　　　　　13,700km　　9兆1,000億円
　　　　　計　　　　　　　　　　　　　　　　10兆8,000億円
　　ロ．都市部における幹線道路網
　　　　幹線街路　　　　　　　　37,200km　18兆9,000億円
　　　　都市高速道路　　　　　　　654km　　2兆8,000億円
　　　　　計　　　　　　　　　　　　　　　　21兆7,000億円

ハ．地方的な幹線道路網

1次改築	240,000km	22兆2,000億円
再改築	10,200km	5兆5,500億円
計		27兆7,500億円

ニ．その他

①市街地内の区画街路舗装	21兆1,000億円
②駐車場および共同溝の整備	4,000億円
③積雪寒冷地での冬期交通の確保	9,000億円
④その他維持管理費等	9兆4,000億円

総計85兆円と具体的に算定している。

(3) 交通施設整備の費用負担と財源調達

「5．交通施設の費用負担」では、まず交通施設のすべてについて利用者にその費用を全額負担させることは適当ではないケースもありとした上で、利用者負担の原則が必要であるとしている。次に各交通施設について経常的支出に対する利用者の負担割合は、道路はほぼ1に近く、港湾はかなり低い結果と試算されていることから、道路については利用者の負担が非常に高いにもかかわらず、供給が過少で各所に交通渋滞が多発している現状からまず投資を拡大し、道路の提供するサービス水準の向上を図る必要があると説いている。利用者負担原則だけでは対応できない場合に必要とされる公共負担は、過疎地域の赤字経営の公共交通機関ではナショナル・ミニマムの維持から要請される経営は存続しなければならない、大都市圏ではニュータウンの建設に伴い必要となる大量輸送機関等、先行整備に必要とされる資本コストが非常に高い場合は、利用者の負担能力から公共負担が必要となってくるケースを挙げ、それらの際でも公共負担の範囲の明確化、それを限度としての効率的な経営

の下で必要とされる施設費の負担は原則として一般財源から行うべきだとしている。現時点で振り返ってみても、筆者（杉山）もこの主張は考え方として頷けるものである。

　このような負担論を踏まえ、「6．交通施設整備の財源調達」では、その方向として今後の交通施設整備の積極的拡充のためには重点かつ傾斜的資源配分機構が確保されなければならないとした上で、財源調達の方策として公債の活用が必要であること、道路財源の確保には長期的視点によって

① 公債の大幅な活用を図ること、
② 道路の持つ生活環境施設などの多面的な機能を確保するため、相当の一般財源の投入を図ること、
③ 物価の上昇に対処し、社会的費用の内部化等に伴う道路整備費の増加に対処するため、特定財源の段階的な拡充、強化を図ること

等の多面的施策を講ずることが必要であると論じている。

　次に自動車重量税の性格と使途では、自動車重量税は自動車利用者への既存の税に加えて、重量に従って課税するもので、道路整備に対する利用者負担の性格を強化したものとみるべきで、道路交通サービスの改善によって負担者の利益に還元すること、したがって目的税的に使用することが必要であると位置付けている。

　最後に開発利益の還元として、開発利益は都市全体の開発の結果もたらされるので、土地保有税等の措置を講じてその吸収を図り、これによる都市施設等の整備を通じて住民に還元することが望まれるとしている。

以上、建設省の総合交通体系論は同省の所管の対象である道路を軸に据えて、そのあり方を国土計画、都市計画、自動車以外の交通機関の中でも論じようとするもので、単なる道路交通政策論から脱却すべきとの意図から「総合」という文字を付したものと解せられる。その意味では基本的視点が運政審46答申と変わるものではないが、同報告書の3章、4章、6章は自動車に特化しているという点では趣を異にしている。筆者（杉山）の愚見をあえて繰り返せば、同報告書においても、政策論には当然要請されることを、わざわざ「総合」との形容語を付すことの説明が通り一遍であったとの印象は拭えないのである。

　なお、同報告書第6章の(2)で扱われている自動車重量税は、当初自動車新税という仮称で登場し、昭和46（1971）年の総合交通体系論議の中で賛否両論で論じられ、直接的には第6次道路整備五箇年計画（昭和45（1970）〜49（1974）年度）の中で3,000億円の財源不足を補うという名目で、福田赳夫国務大臣により創案が出され（1971年5月14日衆議院連合審査会）、同年12月に導入されたものである。税収額の2/3は国の一般財源であるが、税創設および運用の経緯から約8割（77.5%）相当額は道路財源とされている。これを実質的に特定財源とする建設省の意向が、同報告書での「自動車重量税は、目的税的に使用することが必要であり、まず道路の整備および信号機等の交通安全施設の整備に充当すべきである。」という文言に象徴されているといえよう。なお、道路特定財源は2009年度の税制改正において一般財源化されている（本書第5章5-3(1)参照）。

4-2　警察庁『総合交通体系における道路交通管理』

　建設省の『総合交通政策に関する基本的考え方』とほぼ同時期の昭和
46（1971）年 9 月に出されたのは警察庁の『総合交通体系における道路
交通管理』である。建設省が道路行政、道路整備を所管していることと
類似して、警察庁には道路交通安全の推進が強く要請されていることか
ら、同庁の試論は安全向上のための道路交通管理に焦点が当てられてい
た。当時道路交通事故死者数は 1 万数千人、100万人に近い負傷者とい
う状況であったため、総合交通政策の樹立に当たっては、道路交通安全
の強力な推進を盛り込むべきであるとの視点で綴られた同試論は、基本
的には建設省のスタンスに近いものである。文中に「総合交通体系」と
いう言葉は少なからず登場するが、ここでも総合交通体系の定義は示さ
れておらず、あるべき総合交通体系は道路交通安全を盛り込んだもので
なければならないという主張に代弁されている。

　警察庁の報告書[2]は

第 1　道路交通から派生する各種障害とその要因

　　1　各種障害の現状

　　2　各種障害の発生要因

第 2　交通渋滞緩和のための方策―大都市を中心として―

第 3　交通安全と交通公害防止のための方策

第 4　交通管理および運転者管理体制整備の基本目標

第 5　交通管理および事故処理体制の整備

（2）　同報告書は前掲『わが国の総合交通体系』のp.253〜268に収録されている。

から構成されており、ここからも道路交通安全を正面に据えたものであることが類推できる。以下、同報告書の内容を追ってみよう。

(1)　道路交通での各種障害と渋滞緩和、交通公害防止の方策

　交通需要の不均衡の拡大から社会にとっての重大な課題となっており、中でも道路交通に集中的に表れている「第1　道路交通から派生する各種障害とその要因」では、各種障害として交通事故、交通渋滞、交通公害の3つを挙げ、まずその現状が纏められている。交通事故の死傷者が昭和45（1970）年には年間100万人に達していること、事故多発地域は大都市中心部から漸次周辺圏に拡大していること、地方部でも重大事故の多発と事故増加率が上昇していることが確認されている。交通渋滞は大都市では抜本的対策が見い出されないまま年々深刻化している実情で、経済的損失が増大していること、交通公害は人々の健康または生活環境の許容限度に近づき、社会問題としての対策に迫られていることとされている。これら障害の発生要因として、

(1)　急増する自動車交通の需要に道路の供給量が追い付かなかったことが大都市およびその周辺の慢性的な交通渋滞の原因となっていること、さらに国土計画、都市計画に当たって一点集中型都市の現状の改善に十分手が着けられなかったことが遠因となっていること、

(2)　交通ルールの未定着があったこと、各種交通の混合運行があっ
　　　たこと、

(3)　自動車の技術開発が高速性、快適性、経済性にその重点が指向
　　　されたこと、

(4)　急激な道路の整備と自動車交通の進展に比べて、交通管理体制
　　　が立ち遅れたこと

の4点を指摘している。

　各種障害とその発生要因を振り返った上で、「第2　交通渋滞緩和の
ための方策—大都市を中心として—」では、都市機能の合理的再配置に
より、都市部の交通需要の分散を図るべきであり、その際は総合交通体
系の樹立に当たっては(1)〜(5)に配慮すべきであるとしているが、ここで
も総合交通体系とは何ぞやについては触れられておらず、都市ないし都
市交通の全体像の中での交通需要の分散が謳われているだけである。配
慮すべきものとしては

(1)　道路の整備とその有効性では、道路整備の前提は歩道、歩行者
　　　専用道路、自転車専用道路等の整備で生活の場を確保すること、

(2)　都市高速鉄道は通勤交通はもとより、業務交通の一部をさらに
　　　吸収する必要があること、

(3)　バスは都心部での都市高速鉄道の補完、郊外部では地域の主要
　　　な交通機関となるべきもの、タクシーでは個人タクシーを含め
　　　た一元的需給管理システムを採用すべきこと、

(4)　トラック輸送については輸送時間帯の調整を図ること、

(5)　自家用乗用車（いわゆるマイカー[3]）の輸送効率からの抑制論

───────────

（3）　マイカーという用語は星野芳郎氏のベストセラー『マイカー』（1961年）で用
　　いられ、1961年が「マイカー元年」ともいわれた。その10年後の1971年ではこ

は実現困難であることから、関係省庁間での検討を求めること

とされている。(4)のトラック輸送の輸送時間帯の調整には荷主の理解・協力が必要であるとの認識は示されていない。道路交通安全に重点を置く警察庁ゆえのことからなのであろうか。

「第3　交通安全と交通公害防止のための方策」は「第1」、「第2」の具体策である。それらは

(1)　1万数千人の死者と100万人に近い負傷者、排気ガス、騒音等の弊害から、交通安全と無害性を総合交通体系の整備での最優先課題との位置付け、道路交通の安全対策と道路の安全対策（混合交通の排除）、

(2)　自動車の構造上の安全対策（高速性、快適性より安全性の高い自動車）、

(3)　交通管理（その体制整備の急務）、

(4)　運転者の管理（昭和60（1985）年の運転免許人口は4,700万人、運転者管理センターの拡充、整備）、

(5)　国民に対する交通安全教育等（すべての教育の場での一貫した体制、救急医療体制の整備充実、自動車損害賠償保障制度の充実等）

である。いずれも警察庁ならではの方策である。

(2)　運転者管理体制

「第4　交通管理および運転者管理体制整備の基本目標」では、その体制の長期整備計画は(1)死者数、負傷者数の減少、(2)交通規制の基本計

の言葉は一般的に使われるようになっていた。

画の制定を基本目標に策定するものとしている。

　「第 5　交通管理および運転者管理体制整備の基本的施策」では、交通管理システムの整備、交通指導取締りおよび事故処理体制の整備、運転者管理体制の整備を具体的に示し、それらに要する直接的経費を算出している。交通管理システムの整備では

(1)　大都市、地方中枢都市に交通管理センターの設置、

(2)　交差点には自動制御の信号機、横断歩道の設置、

(3)　道路標識の高規格化

が、交通指導取締りおよび事故処理体制の整備では

(1)　パトロール体制の強化、検問体制の充実、

(2)　被害者救済、交通秩序の早期回復、事故調査の体制整備

が、運転者管理体制の整備では

(1)　指定自動車教習所の講習の充実、都道府県の安全運転学校の拡充整備、

(2)　運転者の管理資料の充実、中央の運転者管理センターの拡充

が列挙され、昭和60（1985）年までにこれらの施策に要する直接的経費を約 2 兆7,200億円（昭和45（1970）年価格）と算定している。このうち約 2 兆4,700億円は昭和47（1972）〜60（1085）年度までに約57兆円の道路投資が行われることを前提としたものである。また約2,500億円は運転免許取得者が昭和60（1985）年に約4,700万人の増加することへの運転者管理体制の整備に要する経費とされている。

(3) 財源調達

最後に示された「第6 財源調達の方法」では、

(1) 整備財源は道路の整備に要する経費の財源措置と同時に措置されることが妥当、

(2) 基本的には受益者負担ないし原因者負担の考え方を導入し、これを特定財源的に取り扱うことが妥当

としている。

陸海空すべての交通機関をとりあげた運政審46答申とは趣を異にし、警察庁の総合交通体系論は建設省のそれとの類似点が少なくなく、両者を併せた試論がなされればより興味深いものが展開されたのではなかろうか。

4-3 日本自動車工業会『総合交通政策に関する基本的諸問題＝望まれる総合交通体系へのアプローチ＝』

総合交通体系論議は官庁に限られたものではなかった。社団法人（当時、現 一般社団法人）日本自動車工業会（自工会）は運政審の中間報告で提起された「総合交通特別会計」構想、それに基づく自動車新税（自動車重量税として創設）が、総合交通体系あるいは総合交通政策の本来の目的と精神から逸脱したものであるとの認識から『総合交通政策に関する基本的諸問題』を発表した。運政審46答申と時を同じくするものであった。コンパクトに纏められたもの[4]であったが、政策樹立の検

（4）『総合交通政策に関する基本的諸問題』を纏めるに当たっての基礎資料として、輸送需要予測とその問題点、交通投資と財源調達を詳細に論じたものが用意さ

討項目として具体的な提言がなされている点に特徴がみられる。その構成は

はしがき

第 1 章　総合交通政策のあり方

　　1　総合交通政策の基本理念

　　2　「総合性」の要請とその意義

第 2 章　総合交通体系の基本条件

　　1　エコノミック・システムの重要性

　　2　交通体系整備の条件

第 3 章　将来の輸送需要の予測

　　1　総輸送需要の推定

　　2　貨物・旅客輸送の見通し

第 4 章　道路整備の必要性

　　1　モビリティーの増大と道路整備

　　2　自動車輸送限界論の批判

第 5 章　交通投資財源調達のあり方

　　1　財源調達の基本理念

　　2　交通機関間の補助制度の否定

提言

であり、「はしがき」は自工会の問題意識、同報告書の要点を前以って簡潔に示したものである。

れていた（総合交通政策研究資料『第 1 篇　総合交通政策論』、『第 2 編　自動車道路の役割と限界論批判』）。大変興味深い内容であるが、民間組織である自工会の【部内限】とされているため、ここでは詳細に立ち入らないこととする。

(1)　総合交通体系の基本的考え方

　「第1章　総合交通政策のあり方」は、総合交通政策の基本理念、「総合性」の要請とその意義の2節から成り、総合交通政策論に取り組むいわば自工会のスタンスを示したものである。「1　総合交通政策の基本理念」では、交通政策を①交通の基礎施設の体系付け（交通環境の改善等を含む）、②施設整備のための財源の調達と配分、③基礎施設（道路、鉄道、港湾、空港等）を利用して生産される交通サービス（個人による交通も含む）の市場、すなわち諸規制政策による介入と定義し、その背景には①少なくとも過去においては（費用逓減という交通サービスの費用構造の特性との関連で）地域独占が形成されていたこと、②交通の基礎施設が主として公的に形成されていること、③交通整備のあり方が一国、一地域の社会的、経済的性格を長期的に限定することがあるとしている。今日でも教科書タイプとしてみられる指摘である。その上で、交通政策の基本となるべき理念は、交通市場への政府介入を極力排除して競争原理の本来の利点をできるだけ生かすことであるが、従来の誤りとして、昭和36（1961）年の総合交通体系、昭和39（1964）年の「基本問題調査会」での競争原理を基礎にした合理的な交通市場の樹立の提言[5]が今日（昭和46（1971）年）まで全く生かされていないことであると批判している。競争原理が適切に働くためには①各輸送手段が国民の満足向上のために競って合理化、近代化によるコスト節減とサービスの質的向上を積極的に行うよう配慮がなされること、②公正な競争が行われる条件が整備されていることが必要であり、このことを総合交通体系の基本理念としなければならないとしている。第2章の2節である「「総合性」の要請とその意義」では、「総合性」、「総合交通政策」への要請が論じられている。従来の個別交通機関ごとの対処が日本経済の空間的構

（5）　所得倍増計画における「交通体系小委員会」、「交通問題調査会答申」のものである。

造の著しい変化、国民の交通サービスへの要請の高度化に適応しなかったからではなく、政策当局がこのような変化を正確に予見しえなかったこと、諸変化に積極的に対処することを怠ったことが交通の諸問題を発生させたとしている。その根源を個別的施策の破綻に求めるのではなく、過去の政府の施策の不手際を反省すべきであり、交通政策に「総合性」が要請されるのは、基礎施設の巨大性、交通結節点の重要性であるとしている。これらを考慮したものが自工会のいう総合交通政策（体系）であると解釈され得るのである。政府の不手際を手厳しく批判しているという点で、官庁での総合交通体系論と趣を異にしているといえよう。

「第 2 章　総合交通体系の基本条件」では、まず国民が望む交通施設のあり方は単なる物理的な施設の体系（フィジカル・システム）だけでなく、施設の投資からその運営のあり方を決める経済的なシステム（エコノミック・システム）を包含した一つの全体的なシステムとして考えなければならないとし、エコノミック・システムは市場機構の活用という交通政策の基本理念に沿い、①基本的には受益者負担の思想に基づき、交通サービスの費用を正確に反映するような運賃・料金を設定し、各交通手段の利用が利用者の合理的判断によって正しく行われるようにする、②新規の交通投資においては、歪曲されない形での便益/費用分析の適用を考慮する必要があるが、投資の採算性を重視すべきであるという点を十分考慮したものでなければならないとしている。②への留意点は民間企業ならではのものであろう。次に交通整備の条件として、交通機関のライフ・サイクルへの留意、土地利用計画との整合性、共同一貫輸送[6]の必要性、地域的特性の重要性、国民の交通についての選好

（6）　文中では共同一貫輸送と協同一貫輸送の 2 つの表現が示されており、後者は各交通手段の相互補完的な機能発揮を意味しており、2 つに本質的な差が明らかであるとは想定され難い。

の変化に基づく交通施設のバランスの確保を指摘している。

(2)　輸送需要の予測、道路整備の必要性、財源調達のあり方

　第3章は「将来の輸送需要の予測」である。目標年次を国土計画、その他の計画で採用されている昭和60（1985）年とし、予測の手法はマクロ的、ミクロ的需要予測の2段階のものである。マクロ的需要予測は昭和60（1985）年の経済規模、産業構造のフレームの想定の下で総輸送需要を、現状を基礎的前提として予想するものであり、ミクロ的需要予測は各交通機関のトレンド推移と、将来にわたって発生すると予想される変化ないしは制約条件を想定しながら各輸送手段の需要を予測するものである。目標年次における対GNP弾性値はほぼ1の値で推移するとし、昭和50（1975）年度、昭和60（1985）年度の輸送需要を表4-7と推計している。このマクロ的需要予測をミクロ的需要予測にブレークダウンするには、輸送構造が大きく変化している昨今ではほとんど意味がないとし、以下貨物輸送、旅客輸送の定性的な傾向を述べている。需要予測の難しさゆえのことであろう。現実には輸送需要の対GNP弾性値は1から乖離していること、定量分析の精度が問われるところからも、定性分析にもそれなりの意義があるといってよいのではなかろうか。

　貨物輸送では昭和46（1971）年当時は年率10%以上の伸びを示していたが、国鉄の伸びは低下しており、輸送量増加の大半が自動車と内航海運によって占められている傾向がどこまで継続するか、国鉄の貨物輸送量がどの程度伸びるのかが問題点とされた。その中でトラックの輸送分野では短距離輸送の鈍化は考えられないこと、中・長距離では車両の大型化、サービスの質的向上が鉄道、内航海運等の合理化を凌駕するかどうかによって決定されること、国鉄の貨物輸送では中・長距離においては一連の近代化計画によって現在の低下傾向が部分的に解消すると予想されること、自動車輸送との競争では鉄道輸送の合理化による費用節減

表4-7　昭和50年度および60年度の輸送需要推定

単位：億

	輸送トンキロ・人キロ			倍率		縮送トン数・人数			倍率	
	43年度	50年度	60年度	50/43	60/43	43年度	50年度	60年度	50/43	60/43
貨物	2,789	5,700	11,200	2.0	4.0	43	98	198	2.3	4.6
旅客	4,823	8,900	15,000を下回ったところ	1.8	3.0	361	560	1,000を下回ったところ	1.6	2.8

出典：日本自動車工業会『総合交通政策に関する基本的諸問題』　p.23

　と近代化によるサービスの質的向上に依存すること、内航海運では将来10～15年の間に大きく低下するとは予想されないこと、航空貨物では伸び率は高いものの、量的には他の交通機関と対比するほどの規模にまで増大するとは予想されないこと等が想定されている。

　貨物輸送以上に予測困難な旅客輸送では、長距離においては航空、中距離においては鉄道（国鉄新幹線）、自動車、短距離においては特に都市交通で鉄道（国鉄、地下鉄）[7]、バス、乗用車、タクシーなどが競争的になると予想されること、都市間輸送では鉄道、航空、自動車が機能に応じて役割を果たすようになるであろうこと、これらのためには各交通機関とも基礎施設投資が必要であり、環境条件に適した投資政策の展開が要求されることになるであろうとの想定が行われている。

　自工会レポートの特色の一つの項目でもある「第4章　道路整備の必要性」では、モビリティーの増大と道路整備、自動車輸送限界論への批判が述べられている。道路整備が要請される背景を整理した「1　モビリティーの増大と道路整備」では、増大するモビリティーに呼応する政策として各交通機関の利点を生かしそれぞれの利点に応じた交通機関の発達を促すように工夫すべきであり、モビリティーの基礎的条件を満た

（7）　鉄道に私鉄が記されていないが、その役割と実績から当然のことと想定しているためであろう。

している自動車の利点の活用が必要であるが、その一方で道路条件が劣悪であるため、現在の道路の量的不足の解消と質的改善を促進することが必要であるとする。このような現状にもかかわらず、運転手の不足論、空間的限界論から寄せられる「2　自動車輸送限界論の批判」に対しては、運転手の不足論にはトラック輸送の合理化、潜在的運転手の活用、輸送市場の適応力への信頼強化で、空間的限界論には道路の空間創造機能の活用、道路の有用性、都市政策の重要性への基本認識の確認、協調的かつ合理的な交通体系の確立での道路整備の位置付けといった具体的な反論を展開している。

　「交通投資財源調達のあり方」を論じた第5章は、「1　財源調達の基本理念」として交通関連施設の量的不足とその地域的アンバランスという実情から、社会的経済的変化に適切な対応ができる投資決定の活用が当面の課題であるとし、そのためには市場機構の活用、受益者負担原則の確立、外部経済効果への適切な対応、開発利益の還元、融資制度の拡充・強化、一般財源投入基準の確立が必要であるとしている。さらに「2　交通機関間補助制度の否定」として、自動車新税として成立した自動車重量税（原文ママ）を他の交通機関、特に鉄道に対する投資補助の一部にするようなことは、政府の不当な介入であること、創設が予定されている総合交通特別会計制度は財源だけに着目した政策であり、本末転倒であることとの批判を行っている。

(3)　提言

　これらの考察から、総合交通政策樹立の検討項目として政策理念、体系整備、都市交通政策、財源調達、組織についての提言を行っている。第1章から第5章までを要約的に纏めたものでもあることから、正確を期すために、原文をそのまま（表記も含めて）再掲する。

政策理念：総合交通政策に関する基本的理念について

　総合交通政策に関する議論が分かれているが、それは、現在の交通問題の評価・認識の不統一による。市場機構を最大限に活用することを基本とし、政策介入をどの程度まで認めるかという点に関して十分意志統一を行うべきである。

体系整備・その１：交通体系整備の基本条件について

　交通施設の体系については、各交通手段の機能とその利用者による評価を十分に尊重し、国民の期待に応えるものでなければならない。具体的には、交通機関のライフ・サイクルを考慮しながら、共同一貫輸送の重要性を認識し、同時に地域的特性に見合った土地利用計画と整合的なものでなければならない。

体系整備・その２：施設体系の経済的効率性について

　従来、ともすれば物理的な施設体系（フィジカル・システム）に重点が置かれるきらいがあったが、交通体系の検討に当たっては、市場機構の活用という交通政策の基本理念に沿った経済的な施設の運営体系（エコノミック・システム）に、より重点の置かれる必要がある。この場合、適正な運賃・料金の設定、将来の需要を前提とした採算の良い投資を優先すべきである。

都市交通政策：大都市交通政策の確立について

　従来の都市交通政策は、合理的な都市計画との斉合性を欠いていた。その結果、空間の適正利用の必要性がますます増大するに至っている。合理的な都市計画を示し、快適な都市生活を保証するにふさわしい大都市交通政策を樹立することが、当面の急務である。

財源調達・その1：受益者負担制度の確立について

　社会資本の不足が一般化している現在、交通施設をはじめとする社会資本の充実をはかる必要があり、また、直接受益者と間接受益者を社会的公平の観点からも明確にする必要がある。

財源調達・その2：一般財源の投入基準について

　国家的見地から社会政策上必要な投資財源は、国民全体の責任において調達することが望ましく、一部の国民に不当な負担を負わせることがあってはならない。過疎地域の交通体系をはじめ、国土保全、地域開発としての交通整備は、社会政策的配慮の下に一般財源を原資として確立される必要があるので、その投入基準のあり方について検討が行われるべきである。

財源調達・その3：公債発行による財源調達のあり方について

　全国的な国土利用計画と大都市計画との関連において総合交通体系を実現するためには、長期かつ膨大な資金を必要とする、したがって、勇気ある政策を展開するためには積極的な公債発行等を含む財源調達制度への思い切った転換が必要である。

組織：総合交通政策に関し検討・企画・実施を主管する行政組織の強化について

　総合交通体系を樹立し、それを実現させるためには、現在の行政組織では不適切であり、この点に関し十分なる検討が行われなければならない。

　以上、自工会の総合交通体系論は扱う対象が建設省、警察庁のそれと同様に、自動車交通に重点が置かれているが、あり方論は運政審のそれ

とジャンル的には近いもののといえる。ただし、民間組織である自工会という性格からも、基本的考え方として市場機構尊重型であり、この点に関しては運政審とは大きな差があるものと位置付けられよう。

第**5**章

学会、政治・行政での検討

総合交通体系論は学会、研究所等でも活発に論じられるようになった。46答申に関連しての議論は日本交通学会、運輸経済研究センター（現 運輸総合研究所）が代表的なものである。日本交通学会での昭和46（1971）年全国大会の統一論題で示された8つの論文、運輸経済研究センターでたたかわされた有識者の議論、その基となった報告（角本報告）は今日でも興味深いものであることからこれらを紹介したい。

　また研究レベルだけではなく、46答申関連で大きな政策課題となった自動車重量税、総合交通特別会計も各所で賛否両論が交わされた。そこでの検討の経緯、結果を当時の関連資料を通して整理する。

5-1　日本交通学会での統一論題

(1)　統一論題での発表論文

　総合交通体系が論じられた昭和46（1971）年は日本交通学会の創立30周年に当たる年でもあった。同年10月に北海道大学で開かれた全国大会では、「総合交通政策の展望」が統一論題とされ、研究年報にはそこで報告された8本の論文が掲載されている。それらは掲載順に

　　岡野行秀「総合交通政策の基本的視点」
　　今野源八郎「総合交通政策の課題―先進国の政策論をかえりみて―」
　　岡田清「総合交通政策をめぐる若干の問題点」
　　平井都士夫「総合交通政策の問題点―社会主義国交通との関連からみた―」
　　佐竹義昌「総合交通体系の問題点―道路運送労働力について―」
　　赤堀邦雄「総合交通政策の前提と課題―土地政策の提唱―」
　　北見俊郎「総合交通体系と港湾」

　　田原榮一「交通調整論の展開」

である。

　統一論題設定の契機の一つとなったのは、赤堀論文の冒頭に「1971年
1月29日交通学会関東部会において、私たちは運輸省の永井氏から運輸
政策審議会総合部会WGによる「総合交通体系に関する中間報告」の説
明を受け、これに対する意見を求められた。」、「3月末の関東部会で
……私見を報告した。」との記述があることから、全国大会でも総合交
通政策論・体系論を議論するという運びになったものと推察される(1)。
統一論題といっても、運政審46答申をめぐって相互に論じ合うという
ものではなく、執筆者が各自の立場から持論を展開する（当然のことと
して報告への質疑も含めて）というものであった。ちなみに岡野論文では
「運政審答申にコメントを与えようとするものではない」と明記されて
いるし、田原論文は運政審答申には言及されていない。学会年報への論
文提出の時間的制約からであろうか、少なからざる執筆者は46答申に
先立つ「中間報告」をベースに論じている。その意味では46答申をめ
ぐる論争という形には至っていない（傍点は筆者）。

　8本の論文のうち、平井、佐竹、赤堀、北見論文は各執筆者の専門と
する領域を基軸にした視点からのものであり、岡野、今野、岡田、田原
論文とは趣を異にしている。なお、各論文の詳細は「1971年/研究年報」
に譲ることとして、ここでは順不同でその要点の簡単な紹介を試みる。
その紹介内容に正確性に欠けるものがあれば、それは各執筆者ではなく

（1）　蛇足ながら、筆者は1971年度から日本交通学会の会員に認められた新参者であっ
　　たこともあり、統一論題設定の背景を直接知る立場にはなかった。なお、赤堀論
　　文で指摘されている事項については同年の研究年報の研究部会開催状況の欄で
　　　　1971.1.29　　運輸省　　　　永井浩「総合交通体系の確立」
　　　　　　　　　　学習院大学　　佐竹義昌「同上　　コメント」
　　と記されている。

筆者（杉山）個人の責任であることを断っておきたい。また紹介部分での表現は原則として執筆者によるものを尊重している。

(2)　専門領域の視点からの 4 論文

　平井論文は、46答申は説得的・包括的な説明になっていると評価した上で、市場介入の分析には資本蓄積との関連で行うべきだとして、総合交通体系と資本蓄積、交通需要の合理化・計画化、交通投資の計画化の 3 点で問題提起をしている。まず、46答申は「総合交通体系形成の意義と基本的な考え方」、「大都市交通体系」での指摘は良いが、資本蓄積との関連で分析していないと批判している。次に、交通需要そのものを合理化し、計画的に調整することも総合交通政策の重要な内容、必要条件であり、その点で（当時）ソ連邦での経験は示唆に富むとして、ソ連邦での状況を説明している。社会主義国のこと自体を勉強していない筆者（杉山）には、そこでの記述内容を云々するだけのものは持ち合わせていないが、ソ連邦通の平井教授が46答申を批判しつつも評価している部分であるというのが示唆的に思われる。46答申の真の狙いは市場機構重視型か規制重視型かで識者の見方（解釈）が異なっていることを勘案すると、この点での平井教授の学問上のバックグラウンドからは後者に近いものと類推されるからでもある。平井論文は 3 つの点での問題提起であって、総合交通政策のより突っ込んだ包括的分析は今後の課題であると結んでいる。

　交通労働研究の先駆者である佐竹教授の論文は、運政審中間答申（その 1 ）の総合交通体系の意味、基本理念に関する所説（佐竹論文では、46答申ではこのような理念の叙述が略されているとの注記があるが）を、交通労働力との関連で分析・展開することが狙いであるとの問題意識から、省力化の可能性、労働市場の特性、自家用労働力の 3 点への私見を

示したものである。中間報告第 3 章(2)の「未来への対応としての総合
交通体系の意義」で掲げられた 5 項目の第 4 の労働力について「(総合
交通体系は)きたるべき労働力不足社会に対応しうるものであること、
最近における労働力不足の今後深刻化は必至であり、トラック輸送の占
めるウェイトの大きな現在のシステムでは、早晩労働力が大きな制約要
因となってくるであろう。したがって飛躍的に増大する交通需要に対処
するためには、個別交通機関の省力化はもちろん、体系そのものとして
省力システムの創出を強力に推進することが必要である。」と記されて
いるが、最終答申（46答申）では簡略化されているものの、これは総合
交通体系において労働力問題が軽視されているということではなく、む
しろ予測の困難などから回避されたものと考えるべきであろう、との解
釈に佐竹教授の研究業績からの実感が込められているのである。労働市
場の特性として、上からバス、ハイ・タク、トラックの重層構造を指摘
し、自家用労働力という巨大な労働プール（原文ママ）を社会的に活用
することの合理性が説かれている。

　赤堀論文は、先に記した日本交通学会関東部会での「現代の交通政策
には用地問題に対する積極的な解決策がなければ実現性が薄い」との意
見陳述の視点からのものである。中間報告での交通施設とその利用につ
いての考え方の原則は正しいとし、その際利用料はできるだけ安価にす
べきことが基調になっている。その阻害要因は地価上昇であり、これを
あおるのが交通投資で、住宅投資と交通投資を合わせて解決しなければ
ならないのが問題だとしている。この点ですでに示されていた角本良平
教授の開発利益の還元による通勤新幹線構想（住宅都市と高速鉄道の同時
建設）[2]に触れられていないのが筆者（杉山）には気になるところであ

（2）　通勤新幹線構想については本書第 2 章の脚注 3 を参照されたい。

る。土地政策への提案として①売り惜しみに対する禁止的重税、②土地取引の公的機関による独占、③全国全地方の民主的な土地利用計画の策定、④交付公債による土地の買い上げ、国公有地の増大とその賃貸制度、⑤不動産業保有地の簿価による強制買収と100％公営住宅主義の実施等を挙げているのが赤堀論文の特徴である。

　港湾経済論を代表する研究者である北見教授の論文は、冒頭、運政審の中間報告、本答申は同教授のいう総合交通体系ではないため、これを「総合交通体系」とカギカッコ書きで示すとの断りをいれた上で、方法論の展開から始まっている。同教授の総合交通体系論は「近代化」と「合理化」の二面性を備えるべきものであり、運政審の「総合交通体系論」はこれとは性格を異にするものとされている。港湾への要請、現実の港湾対策も港湾機能の「体系」のみが取り上げられ、「体制」の側面への本格的検討がなされることなく「合理化」のみが採り上げられているのは一面的であり、教授の意味する総合交通体系と二面性を考慮した港湾での接近が必要であるとし、「方法論」的にとどまった感があるとする同論文の改訂版を用意したいと結んでいる。

(3)　経済理論的視点からの4論文

　上記4編に共通している独自の視点からの論文とはいささか様相を異にしたものが、岡野、今野、岡田、田原論文である。繰り返すまでもなく、岡野、今野、岡田3教授は運政審の委員、専門委員であった。岡野論文は近代経済理論による整理・検討、今野論文は歴史的考察という方法論での接近という差はあっても、結論的に市場機構を尊重すべきという点では同様の主張である。

　岡野論文は総合交通政策、総合交通体系の意義・目的、基本的考え方、立案された政策の有効性の検討を通しての今後の交通政策の基本的

あり方を論じたものである。総合交通政策の「総合」、「総合性」の意味では、複数交通手段の相互補完性、代替性によって著しく異なってくることから論を説き、補完性が存在し、代替性がかなり強い場合の「総合性」は抽象的な段階では異議は少ないが、具体的な段階では一致した見解を得ることは極めて困難であるし、co-ordination の原理と framework の論理的な違いを認識することが必要であるとしている。co-ordination の原理への見解が一致しても、framework については見解が異なるということは十分ありうるというのである。その上で各国で総合交通政策が論じられるのは、ある交通手段―鉄道―の経営状態が不健全になった時であるとの指摘をしている。総合交通政策の本来の究極的目標は「交通に関する国民の欲求を満足させるために資源を最も有効に利用する」ことだが、そこでは交通サービスの供給への資源の量が所与であって、これを複数の異なる交通サービスの生産のために割り振ることではないと注意を促している。この点で自動車重量税を財源とする総合交通特別会計の設置は基本的に誤りであると断言しているのである（本章第 5 章5-3(3)参照）。

　総合的な調整と手段として岡野教授が論じているのは参入規制と運賃である。参入規制の論拠とされてきた自然独占（natural monopoly）はトラック貨物輸送では存在せず、鉄道輸送サービス市場でもその有力な競争相手が登場したことから、今日では規制の理由はなくなっている、ましておやこれを強化すべき理由は全くないと主張する。参入規制を前提とした運賃規制は独占利潤を認めないための上限規制と内部相互補助（cross-subsidization）が特徴であったが、前者は交通手段間の競争によって従来持っていた意味を失い、後者での収支均衡を図った規制は構造変化を認識していないもので、状況悪化の可能性があるとしている。さらに過疎地域での交通確保は cross-subsidization 以外の方策、例えば直接の補助金によるべきであると論じている。運賃が果たす機能と需要

の条件を度外視した運賃政策は資源の浪費、社会全体の満足の減少をもたらすことに十分留意すべきであるというのが核心となっている。これらの考察の上に立って、「総合交通政策を樹立するに当たって、われわれはまず過去から現在まで採用されてきた交通政策が今日の交通市場の形成にどのようなメカニズムを通じて影響されてきたのかを分析する必要がある。それによって、政策の交通市場に与えるimpactを適切に把握し、適切な交通政策の糸口とすべきであろう。」と結んでいることに岡野論文の主張が尽くされている[3]。

　わが国についてはもとより、欧米各国の交通政策の研究成果を蓄積してきた今野教授による論文は、欧米を含めた交通政策小史ともいえるもので、交通政策は市場構造の変化に対応すべきという点で岡野論文の主張と変わるものではないと位置付けられよう。「わが国の交通政策には、明治以降の交通事業、交通業者の育成、保護政策論の伝統が強く、それは良い意味でも、悪い意味でも最近の運輸省の政策—運輸政策審議会の答申にもみられる」、「46答申には、市場機構の不信の理論が極めて強い」、「交通市場のメカニズムに期待しえない理由からは交通市場機構の効果を軽視する議論、あるいは為政者による硬直的交通体系の創出効果が理想的だという結論は成立しない」、「運政審の市場の見方は理論的に妥当ではなく、また現状認識も不十分といえよう」等の叙述に代表されるように、今野教授は46答申には批判的であった。さらに「当局（運輸省のこと—杉山の推測—）が総合交通政策の名の下で陸上交通施設特別会計（原文ママ）の創設の理論武装を試みようとしているのであれば、

（3）　参考までに記すと、その後の経緯をも含めた岡野教授の総合交通政策論は
　　　金本良嗣・山内弘隆編『交通』（1995年2月、NTT出版）の第10章「総合
　　　交通政策」
　　に集大成されている。

それは結果的に、国の成長と国民の福祉に繋がるかどうかについて疑問をもつ」としているのは、基本的には岡野論文と同様の認識である。多面的な考察の上に立って「わが国の政策が国の経済成長と国民の福祉増進のために、アメリカ、ドイツの例の如く、国民の個人的交通機関と大量交通機関との発達政策を、長期交通計画の展望によって樹立することを望むものである。」と結んでいる。

　46答申に触れつつ、これへの具体的論及（賛同ないし批判）は示されていないものの、総合交通政策への基本的考えを纏めた岡田論文は、検討方法としては岡野論文と共通する部分が多いものである。交通部門の変化には①交通部門と他の経済部門とのかかわり合い、②交通部門内の諸問題とに留意すべきであり、現在提起されている総合交通政策論は①の問題を踏まえた②についてであることを出発点としている。総合交通体系論はその内容に明確な合意がある訳ではないが、直接の動機が自動車重量税をめぐる政治上の議論であったのは明らかであり、同法案の前にすでにイコール・フッティング論があったというのが岡田教授の整理である。イコール・フッティング論の問題提起は①交通部門における通路費のあり方、②交通部門における公共的規制政策のあり方をめぐる議論であり、①では原因者負担論重視による自動車重量税法の強力な根拠、②では原因者負担の拡張としての社会的費用論であったとする。自動車重量税は①と②の両面における原因者負担の論拠とされているかにみえるが、そのことが区別されている訳でもなく、政策論としては曖昧なままにとどまっていると指摘している。総合交通体系論では、自動車重量税を財源として鉄道を補助するのかどうかの議論、各交通機関の現状と将来展望の必要性とが焦点となり、イコール・フッティング論から離れ、各交通機関の役割に見合う交通政策論となったとの解釈を行っている。その整理の上で、交通投資、運賃政策での問題点の考察が試みら

れている。岡野論文での「総合的な調整と手段」で参入規制、運賃が取り上げられた問題意識と通じているものと推察される（筆者（杉山））。投資の議論には①投資目的、②投資基準、③投資対象、④投資主体に留意する必要があり、①を明確に表現することは困難であること、②では例えば国鉄新幹線のネットワークについても経済的、社会的意義の立証なくしての議論は危険であること、③では計画原理の適用は不可避となるであろうこと、④では第3セクター、民間デベロッパーの活用等で従来のような政府投資と民間投資という単純な構図ではなくなっていること等が述べられている。その上で、投資決定には政治的自由裁量性をどの程度まで容認すべきか、経済的投資基準と政治的基準との調整をいかにして行うのかという点が基本的に配慮すべきものとしている。運賃政策については、これをめぐる過剰施設、競争的交通機関の存否、技術革新投資等への社会的判定、他の諸物価との相対的価格考慮への要請、政府による赤字補填の補償の程度といった5つの問題点とその組み合わせを整理して、運賃のあり方が論理的に検討されている。過疎バス問題に代表されるシビル・ミニマム論での問題点を整理の上でそれらの考察を行い、「総合交通政策論は一部の集団の利益を追求するための論理ではなくて国民の利益の向上を目途とした交通政策論であることが必要である。」と結んでいる。なお、岡田論文に関しての関連資料は後述（5-2(1)）の岡田レポートを参照されたい。

早くから交通政策の理論的研究に取り組んできた田原教授は交通調整論を体系的に整理し、その展望を試みることで日本交通学会の統一論題に接近している。田原論文は市場経済的交通調整論に関する学説の検討、欧米諸国での交通調整政策の系譜の特徴把握を通じて、交通調整論の今後の展開の基本的視点の考察を意図したものである。交通調整への政策理念は国民経済的に最小の費用で最大のサービスが享受できるよう

な運送分担の形成にあるとして、1961年の西ドイツの交通小改革、
1953年、1962年の英国の運輸法、マーケティング・ロジスティクスの
関連からの競争的交通調整と協同的交通調整等への言及を欧米の多数の
関連文献を活用して論を説き始め、それらを通しての体系化を試みてい
る。この点では今野論文での方法論と一部で近いものも感じられる（筆
者（杉山））。市場経済的交通調整論の理論構成の基本原則を①各種交通
機関の取扱の平等（交通機関相互間の競争基盤の平等化）、②交通企業の
財政的自立（イコール・フッティングに基づく独立採算）、③企業活動の自
由（営業活動、運賃形成、運送条件の設定の自由、市場への参加の自由、営
業継続、運送引受義務の廃止）、④利用者選択の自由（利用者の平等取扱）、
⑤投資の調整（交通施設と経済発展との投資調整）と纏めた上で、総合交
通政策の意思決定の主体的立場からは、相互に関連のある構成要素の検
出、要素関連態様の認識、対環境関連の分析を礎石とした交通調整論の
構造を統合的に提示し、その体系の全体像が明らかにされなければなら
ないとしている。田原教授の交通調整論はその制度的側面との対応関係
から、費用調和的干渉、市場組織論的干渉、適合的・促進的干渉という
分類が体系構成の基礎となると提示され、各々についての考察が進めら
れている。費用調和的干渉は外部的競争条件の均衡を企図した交通秩序
政策であり、これには①交通路の自立経済性のもとに国民経済的観点か
ら下部構造費の負担、ことに自動車による道路関係費用負担の適正化、
②鉄道に対する公共経済的義務の緩和、③労働条件（勤務および休憩時
間、超過勤務）および社会福祉に関する調整があり、その事例を通じて
の論点が示されている。市場組織的干渉は可動競争的な（原文ママ）市
場秩序形成のための市場に対する規制措置で、①運賃および運送条件に
関する規制、②輸送能力に関する規制、③市場の透明性の増大、④協同
輸送の促進と統合交通会社の設立の 4 つの施策に大別されているとし
ている。適合的・促進的干渉は交通流に対する運送用役供給構造の適合

と促進であり、主として交通投資計画の調整と技術革新の積極的な導入がその基軸を形成し、適合的干渉は1964年7月のスウェーデンの新交通政策、1968年の英国運輸法にみられ、促進的干渉は将来の運送需要の増加に適合するための財政的補助であるとの解説を行っている。これらの検討を通し「単に鉄道と道路輸送の競争調整に基づく運送の経済的配分を指向した交通調整論から、地域経済的交通調整論乃至国土計画的交通配置論への交通調整論の総合的な展開の基本契機に関し、今後理論的かつ制度論的な研究が進められなければならない。」と結び、後進の研究に期待を寄せているのである。

　以上、日本交通学界での統一論題での各論文の要点を紹介してきたが、そこでは執筆者相互間はもとより、政策担当者、執筆者以外の論者等を交えた意見の交換の場がなかったのが残念だったと思われる。もとより、見解の相違は十分ありうることなので、各論文で提示された論点をめぐる議論が交わされればより効果的であったことであろう。

　なお、日本交通学会では1981年の全国大会の統一論題で「総合交通政策再論―政策と介入のあり方」が取り上げられた。その概要は同年の研究年報で、論文発表者の増井健一、岡田清、藤井彌太郎、伊勢田穆の各教授の報告論文とともに、パネリストとして角本良平、榊原胖夫、廣岡治哉の諸教授を加え、佐竹義昌、東海林滋両教授の議長の下でシンポジウムが開かれ、岡野行秀教授がその纏めを行った様子が示されている。活発な議論が交わされたことに10年前の教訓（？）が生かされたものとも解釈される（筆者（杉山））。

5-2　運輸経済研究センターでの一つの試論

　本章が論述対象としている昭和46（1971）年論議に先立つ前年（1970）年10月21日に、運輸経済研究センターの当時理事長職にあった角本良平氏の呼びかけで岡田清、増井健一両教授とともに総合交通体系に関する研究会（非公式）が開かれた[4]。運輸経済研究センターでは運政審での議論のための基礎資料の作成も担当していたが、同研究会は運政審中間報告発表の前に、考え方の相互検討のために開かれたものである。そこでは岡田教授の口頭レポート（以下、岡田レポートと略称）、角本理事長のメモの発表（以下、角本報告と略称）後、増井教授の感想、コメントが示された。そこでの議論は『運輸と経済』誌の1971年１月号（総合交通をめぐっての特集）に

　　　　岡田清・増井健一・角本良平「〈討論〉総合交通体系のあり方を探る」

に大要が示されている。研究会当日は『運輸と経済』誌での掲載を意識することなく、本音ベースで議論が行われていたものと思われるので、同席していた筆者（杉山）のメモを利用して紹介することとしたい。

(1)　岡田レポート
　「総合交通体系について」と題する岡田レポートは

（４）　総合交通論議に懸念を寄せていた角本理事長が、いわば私的研究会という形で発案したもので、当時筆者（杉山）は同センターにも在籍していた関係で、この研究会を傍聴する機会に恵まれたものである。筆者には大変刺激的な研究会であったと映っている。

1　総合的交通体系の意味

2　総合的交通体系についての 3 つの視点

3　投資政策と価格政策の関係

4　具体的問題になっているものについての私見

の 4 本柱で構成されており、本章5-1(3)で紹介した日本交通学会の統一論題での岡田論文の原型になったものと類推される。

　1 の「総合的交通体系の意味」では、総合交通体系論には各交通機関がどのような役割を担うべきかの役割論と、結節点（ターミナル）を中心として各交通部門のシステム化をどのように行うのかのシステム論の 2 つの観点が考えられるとし、2 の「総合的交通体系についての 3 つの視点」では、①交通に関する施設の体系（施設体系）、②交通機関をどう利用するか（利用体系）、③交通機関をどのように補助するのか（政策体系）の 3 つから考えるべきだとしている。3 つの視点を経済学のタームに直すと、①は投資をどのように考えるのかの交通投資論、②は交通需要はどのような趨勢を辿るのかの交通需要論、③は価格政策（pricing policy）が核となるものとされている。これら投資、需要、価格の相互関係をどう結びつけるのかが、総合交通体系を考える重要なポイントであるという。①では従来のneeds theoryからの接近と、投資の効率性からの接近があり、②では消費者主権論が基本的背景にあるものの、これだけで投資を行ってよいのか、あるいは国が積極的介入を行うのがよいのかが問われ、③では価格政策の運用が問題になるとされている。3 の「投資政策と価格政策の関係」では、交通投資は利潤の極大化目的だけからではないため政府が介入しているのが実態であり、投資政策自体は①開発投資、②隘路打開投資、③ナショナル・ミニマムでの投資の 3 つに分類されるとしている。①の開発投資は日本交通学会の1971年の研究年報の岡田論文では戦略投資とも紹介されているが、便

益／費用基準に基づいて行われるものであることから、企業会計的には赤字に結び付くことがありうるので、pricingとどう結びつけるのかが問われることとなる。H. Hotellig流に投資政策には一般財源の活用、価格政策には限界費用価格形成も考えられるが、この二分法で対処してよいのかが問われるとしている。②の隘路打開投資は市場機構の活用によるべきものだが、開発投資との線引きは非常に複雑なため、どちらにどのようにウェイトを置いたらよいのかが課題であるとしているが、ウェイトに関しては当然のこととして納得しうる基準が必要となろう（筆者（杉山））。③のナショナル・ミニマムは日本交通学会年報の岡田論文ではシビル・ミニマムとして扱われているが、用語上は大差ないと考えてよいであろう（筆者（杉山））。岡田レポートのナショナル・ミニマムでは地域交通をどのように考えるのかを問題とし、岡田教授は悲観的見解（ナショナル・ミニマム的投資は困難）を示していた。4の「具体的問題」では、①交通投資政策の方向、②大都市交通についての代替主義、③国鉄赤字線の3つが取り上げられ、教授自身の考え方が示されている。①の「投資政策の方向」では、1960年代の成長政策は旧い交通体系によって促進されたが、1970〜80年代の投資政策では旧い交通体系だけでは間に合わない、新しい交通体系の整備が課題であるとされた。2の「大都市交通についての代替主義」に関しては都市計画、交通施設、交通規制が問題とされるが、これら3つを整合的に整理することによって対処すべきであるとしている。③の「国鉄の赤字線」対策では、線区の扱いを営業係数だけに依ってよいのか、所得再分配政策との関連で考えるべきではないのかとの問題意識から、S. A. Marglinの所説が紹介された。

(2)　角本報告

　角本報告では提出されたメモ「総合的交通体系の考え方」（別掲の補

足資料参照）をベースに、総合交通体系は成り立たないという前提から 3 つの点が指摘された。その第 1 は「総合」に関するものである。総合交通政策が論じられているが、交通以外の分野で、例えば総合食料政策、総合飲料政策はあるのか、あるとした場合、それらは食料政策、飲料政策とどう異なるのかという問題提起で、角本理事長は差がないとしている。日本交通学会の研究年報での岡野論文では「総合」を複数交通手段での補完性と代替性の観点から整理しており、「具体的な意味を付さない「総合」という言葉を使う時各人各様に「総合」を解釈しても、議論を始めることが出来る。」とされていることに相通じるものを感じるのは筆者（杉山）だけであろうか。角本理事長は「……すべきである」という問題は今日では成立しないとしているが、筆者（杉山）には厚生経済学批判の一種とも受け止められた次第であった。第 2 は現実の行政自体がバラバラであり、これを統合するという点での意味はあっても、その原理は見つからないとするものである。媒介すべき価格も限界費用の計測例はない、派生需要の価格も正確な計測は困難であるとの見解からである。岡田レポートで提示された Hotelling 流の二分法があったとしても現実的ではないとするものである。第 3 は予測が困難だとするものである。筆者（杉山）自身、当時は運輸経済研究センターでの予測グループの末端に連なっていたこともあり、予測の困難さは痛感していたが、それでも最善を尽くして将来の交通量を模索することは必要であると考えていた。指針としての予測値が示されえないとすれば議論は発散するだけではないのかとの思いからであった。角本理事長は自身の実務体験から、4 〜 5 段階推計法といった大掛かりの手法によらなくても将来像の大要は想定されうると考えていたのかもしれない。

　なお、同研究会当日に提出された角本メモは手書きのものであり、公に発表された形跡が確認できないので、幾分長めのものであるが参考までに本節の末尾に［補足資料］として示しておくこととしたい。筆者（杉

山）は角本メモ——それへの賛否は別として——は示唆に富むものと位置付けており、岡田レポートにはその発展形が日本交通学会年報で接することが出来るのに対して、角本メモには今以って接しえないという事情を勘案するからである。

(3)　増井コメント

　岡田・角本報告に対する増井教授の感想ないしコメントも興味深いものであった。角本報告に対しては、感想であると断った上で、趣旨には同感するが結論として総合交通体系はありうる、あるいは議論を総合交通体系論にもっていくべきであるとしたいというものであった。同研究会開催の段階では公表されていなかった、運政審中間報告での「青い鳥」論と同趣旨のものであったと解釈される（筆者（杉山）。岡田レポートに対しては経済学的接近を評価した上で、投資、需要、価格（運賃）の 3 つの観点から考えるという点に自身（増井教授）としては不明な点も残る、特に投資政策に関し、1960年代の成長政策は旧い交通体系によって促進されたとする点には疑問が払拭できないとした。両者の報告の趣旨を勘案して纏めた増井教授の主張する総合交通政策は、各交通機関の寄せ集めでは「総合」という名に値せず、そこを貫くもの、具体的には市場機構（補完すべきものを含めたもの）、住民の選択がなければならないというものであった。

　蛇足ながら、交通経済、交通政策の第一人者である増井教授が運懇、運政審のメンバーに入っていなかったのはなぜなのか、不明にも筆者（杉山）には理解できないことであった。

総合的交通体系の考え方

1970.9.3　角本良平

1　「総合性」の意味

　総合とは、二つ以上の事項についての価値判断あるいは関連付けを行い、体系的に整理することであろう。

　交通について総合が重視されるのは、交通施設、運搬具（輸送具）、動力、運行管理（4要素）についての責任が分かれているため、あるいは複数の手段が競合し、しかも固定施設に巨額を要するのに価格による選択の原理が作用しにくいからである。

　このような交通の性質を背景に、1970年の現時点で特に総合交通体系を求める理由は、交通需要増加に対して供給力を拡大するに当たり、次の2点が取り上げられるためであろう。

(1)　複数の交通手段からの選択に当たり投資額をできる限り少なくする。

(2)　交通手段相互間あるいは交通の4要素間の一貫性を技術の進歩を予測しながら確保する。

　(1)は主として納税者、(2)は主として利用者のためである。

　この考察に当たって、交通のマクロとミクロの関係に注意する必要があろう。交通サービスは有形財と異なり、貯蔵がきかず、施設の存在す

る地区に供給が限定される。しかも地区それぞれ増減傾向が違うから、それらを合計して交通体系の議論をするのは意味がない。いわばミクロのみが存在し、マクロで考えてはならない世界である。

　総合を要するのは、東京―大阪間といった特定の区間における輸送についてであって、東京―大阪間と東京―仙台間を合計することは出来ない。交通企業の収支、あるいは財政投資の金額は合計可能であり、それは一つの指標になりうるけれども、交通手段の選択や一貫性は主に具体的条件下の単位当たり費用の議論である。

　有形財的発想と今一つ区別しなければならないのは、交通において需要と称せられるものが、支払い意思を持つ有効な需要というより、欲望とか要請とかといった性質に近いことである。歩行者用の通路がその好例であり、この歩行からの連想で交通施設は税金でという思想が強く残っている。また交通施設は消防車と同様に社会にある可能性を与えるものとしても理解される。この場合には個々の単位に分解する需要曲線に基づく発想は通用しない。

　自動車と道路との関係も同様に、自動車を買う人は道路サービスを合わせて買うのだとは考えていない。また道路使用の価格も表示されてはいないのである。せいぜい税金が予想出来るに過ぎない。

　なお総合交通をいうとき、交通と経済の他部門との関連を取り上げ、交通が経済発展の障害にならないように政策を進めよという立場もある。しかしこれは経済政策の総合性と捉えるべきことであろう。

2　交通手段の選択

　交通手段の選択が本来利用者によってなされるべき性質であるのは他の商品と同様である。しかしながら各手段がその費用を価格によって回収できず、あるいは一つの手段は採算可能でも、それだけでは需要を充足できないときに、補足の手段として何を選ぶかは政策当局者が決定し

なければならない。この場合には納税者の支払い意思を考えながら当局が決めることになる。

　税金が使われるのは通常次の場合であろう。

(1)　初期の発展段階
(2)　地域開発のため交通に税金を入れても全体としてその地域の経済収支がよくなる場合
(3)　最小限の交通手段の確保（ナショナル・ミニマム）

　交通手段の選択についてはイコール・フッティングの議論があるけれども、これら三つの場合には当てはまらない。また全国一律運賃、あるいは一律のガソリン税でこの主張が成り立つかどうかも疑わしい。仮にこれによるとしても、個々の路線ごとに、例えば東京―大阪間の鉄道、高速道路、航空機というように比較すべきであろう。（本稿の終わりの〔注〕参照）

　またこの種の選択について費用/便益分析の議論もある。これは例えば地下鉄路線が引き合わなくても作る場合の効果説明には有効であろう。しかし二つの手段で比較できるだけの便益予測が可能かどうかは疑わしい。

　さらに交通手段の選択においては、都市における自動車と地下鉄の関係のように、まず利用者が自動車を希望し、それが混雑で使えないときに地下鉄を作る、いわば「代用品」の場合がある。この場合、地下鉄を作るか、道路混雑を我慢するかは納税者の意向によるべきであり、そのため市民投票が行われた例もある。この種の問題には何が正しいという答えがあるのかではなく、都市住民が決定するだけであるから、計画当局は計画によって生ずる市民の負担額を示さずに建設を進める在来の態度を改め、予めその負担額を明示し、世論の賛否を問うべきである。

3　交通手段相互および 4 要素間の一貫性

交通体系は市町村内、府県内、地域圏域内、国内および国際間というように重層的に配慮され、かつそれらが相互に連絡していなければならず、またそのために使われる手段相互間の連絡（例、鉄道とバス）あるいはそれらの技術的一貫性（例、コンテナ輸送）が必要となる。

また土地利用についても、各体系のいずれを優先させるべきかの判断を求められる場合が生ずる。特に地区に直接利益を与えない場合の通過交通手段についてそうであろう。

以上二つの場合には予め将来の姿を予測し、住民をも説得して効率の良い交通体系、需要に対応できる交通体系の実現に計画当局は努めるべきであろう。

しかしながら前述のように、交通需要は有形財と異なり、支払い意思を必ずしも十分に伴わず、また自動車所有と道路建設のように、地区によっては物理的、生理的に対応困難な場合もある。全国の自動車台数と道路投資額を対比しても、大都市内の混雑解決にはならないのである。したがって一貫性の確保が常に可能とはいえないことを認識しておかねばならない。不可能な問題を提起して、長期的、抜本策を講ぜよというくらい空疎な主張はないだろう。

4　負担の公正

交通手段について多くの場合イコール・フッティングが当てはまらないことは、前述のとおりである。交通が派生需要であるだけに、地区全体の利益の立場から交通を捉え、交通だけの経済計算は無視されやすい。

また過去の価格制度、特に運賃の全国一律制の下では、個々の路線のコストが価格の基礎とならず、路線相互間の負担の不公正を生ずる。国鉄東海道新幹線の運賃・料金は現行の半額、ローカル赤字線は 2 倍以上

にしなければコスト面からは公平とはいえない。

　もちろん価格は単にコストだけから決められるものではなく、需要者側が認める効用、使用価値によっても決まる。だからコスト以上であっても適用するが、その利益額を他線区に回すことの可否を改めて論ずべきであろう。東京—大阪間のように、国鉄が全国一律運賃のために、航空、道路との間に資源の好ましい配分が実現しておらず、また利用者も新幹線で生ずる利益を東海道線自体のより良いサービスに投入するように要求する理由があると思われる。

　また最近話題の自動車新税もこれを道路のみに利用する方が税負担者の直接利用するものに還元するということで一見公正にみえる。しかし大都市ではもはや今以上に道路を作れないとすれば、他の形でその還元を受けない限り、大都市は新税の恩恵から外れる。地域相互の公正を図るとすれば、大都市はそれを大量交通に充当するより他にない。

5　予見の困難性

　現在の状況を15年前に予想した人は恐らく少ないであろう。1958年頃政府は新幹線と高速道路の両方が必要かどうかについて数か月の審議をした。幸い両者必要とされたが、両者とも開通当初からこの種の議論が不要なほどに利用されている。

　あるいは浜松町—羽田間のモノレールにしても、公的機関でその需要を取り上げたならば、首都高速道路で足りると否決されたに違いない。私企業に夢をみる人がいたからこそ実現できたものが沢山ある訳であり、総合交通政策の下に新しい芽が摘まれるのが一番恐ろしい。失敗はあってもリスクをおかせねば、物事は進歩しない。

　交通手段の一貫性にしても、技術の進歩があるから、10年前に今日の海上コンテナの予測は困難であったろう。技術の予測は過少または過大に陥りやすい。アイディアはしばしば出現するけれども、その多くは

いつの間にか消滅する。

　したがって総合交通政策を長期的視野の下に進めるといわれても、そ
れは試行錯誤の連続以上には出られない。

　最近、電子計算機の発達により計測技術がいかにも進歩したように思
われやすい。しかしそれは過去の傾向線が続くという前提での確率計算
の精緻化でしかない。変化の少ない人間性や物理法則を前提の予測には
妥当するにしても、技術の進歩、外的条件の変化を伴う交通の需給につ
いては計算機がそれほど役立つとは思えない。むしろモデルづくりに追
われて時間を浪費するという弊害を警戒すべきであろう。

　米国の北東回廊地域の交通計画がその好例で、現在の研究からは恐ら
く何の結論も得られないであろう。仮定の条件が余りに多い。終始相手
の選択に当たって総合点数をいたずらに計算して年を重ねているのに似
ている。要は決断である。

［注］総合交通政策というのは、積極的に設備を作っていく面だけで捉えられやすい。
　　　しかし役に立たなくなったもの、あるいは供給者が廃止したいと思うものの退
　　　場についても考えるべきである。イコール・フッティングはこの退場の自由の
　　　尊重によって成り立つ面がある。

5-3　自動車重量税の創設と総合交通特別会計構想の動向

　運政審46答申を中心とする総合交通体系論議と極めて関連の深いものは昭和46（1971）年12月１日に施行された自動車重量税、これを有力な財源に組み込んで立案された総合交通特別会計をめぐる議論であった。46答申では自動車重量税に関する記述こそ見当たらないが、先に紹介した岡田論文（本章第５章5-1(3)）に「総合交通体系論が強い関心を呼ぶようになった直接の動機が自動車重量税法案をめぐる政治上の議論にあったことは明らかである。」と綴られていることに代表されるように、運政審の主要な関心事であったのは確かである。岡田教授はこの間の事情には人一倍精通していたからである。自民党交通部会は昭和45（1970）年10月に「総合交通特別会計創立の必要性とその財源措置について」を発表しており、そこからも自動車重量税と総合交通特別会計の強い関連性が伺い知れるのである。

(1)　自動車重量税創設の経緯

　自動車重量税は（当時）自民党田中角榮幹事長により自動車新税として提案された。昭和44（1969）年８月のことであり、これが激しい議論の発端になったものと位置付けられる。田中構想は自動車の保有者に対し、自動車の重量に応じて年間２〜12万円、平均５万円の新税を創設、その税収を、道路：新幹線鉄道：国鉄在来線：地下鉄＝５：２：２：１の割合で充当するものである[5]。これを受けて税制調査会、自民党（道

（5）　税収を道路以外にも充当するということからも、これを道路関係の目的税とするのかには見解が分かれているが、

　　　田中角榮『日本列島改造論』（1972年６月、日刊工業新聞社）

　　　では、自動車重量税は目的税であるとして提案されたと明記されている（p.206）。

路部会、都市政策調査会、交通部会国鉄基本問題調査会、地方行政部会）、大蔵省、建設省、運輸省、通産省等でそれぞれの立場から意見表明と検討がなされ、結論として自動車新税は自動車重量税として昭和46（1971）年 5 月24日の第85国会で法案が可決成立、同年12月 1 日に施行されることとなった。

　自動車新税構想の大きな契機となったのは第 6 次道路整備五箇年計画での財源調達対策であった。昭和42（1967）年からの第 5 次道路整備五箇年計画は、折からの道路交通需要の増大、地域格差の是正等に対処するため、計画期間の途中で改定の必要性に迫られた（昭和45（1970）年 3 月）ことから、第 6 次計画が閣議決定された。第 6 次計画の事業規模は第 5 次計画の 6 兆6,000億円から10兆3,500億円と大幅に拡大するものであり、その財源調達が課題とされた。財政当局の試算によれば、10兆3,500億円のうち国費としての必要額は 4 兆830億円、道路特定財源収入は 3 兆3,700億円と見込まれ、7,130億円の不足、これに一般財源からの繰り入れ4,200億円の見込み額を勘案しても、差し引き2,930億円の不足と推計された。およそ3,000億円の調達が必要に迫られたのである。一方、地方費は府県では比較的財源があるということで、市町村関係としての必要額が 1 兆6,000億円、道路特定財源収入は2,800億円、一般財源からの繰入額が 1 兆3,200億円が必要と推計されるが、従来のケースからすれば第 6 次計画期間中におよそ1,000〜1,200億円が不足することになるものの、自動車重量税を導入した場合の五箇年計画期間中の当該税収は5,000億円程度となるので、その1/4を地方に譲渡すれば賄える計算となる。このような経緯から自動車重量税の地方譲与分は道路特定財源としての位置付けとなったものと解釈されるが、5,000億円のうち残る3,750億円は3,000億円が道路、750億円が道路以外の社会資本に充当されるということからも、明確な位置付けはなされないまま持ち越し、総合交通体系論の中での議論に委ねられることとなったのである。自動

車重量税の国分は登録免許税に近い一種の流通税とも解釈できる等とのことから、財政当局は税の分類、使途としては一般財源として措置した(6)。

これに対して国会では、福田赳夫国務大臣が

> 「いまの道路の整備状態が先進諸国と比べますと非常に立ち遅れておる。これの整備を急ぐ必要がある。そのために道路整備五箇年計画を立てました。ところが五箇年計画では在来の財源をもってしては五箇年間に3,000億円の不足を生じます。その財源をいかにして調達するか、こういう問題に政府は迫られております。所得税を増徴するか、法人税を増徴するか、いろいろな財源調達の方法もありましょうが、諸外国の事例等も考えますと、また自動車の使用者に対して負担を求めるということにいたしましても、さほど高い状態でもない、こういう風に考えますので、道路を損壊し、また道路がよくなりますれば、その利益をこうむる自動車にその負担を求める。これは、まず国民から御納得いくようなことではあるまいか、さように考えまして自動車重量税を創案いたしました。これが私の説明でございます。」（5月14日衆議院連合審査会）

と明らかにしたことから、建設省等では損傷者負担、受益者負担ということで、自動車重量税は国分も特定財源であるとの解釈を行い、これが

（6）　自動車重量税は昭和46（1971）年度途中の12月1日から施行されるようになったが、前年の12月21日の税制調査会の答申を受けた政府は昭和46（1971）年度の予算編成（補正）ではさしあたり一般財源として措置された。初年度分の400億円（年平均の1/3）は、その1/4の100億円を地方に譲与、残りの300億円と公開財源760億円との合計1,060億円は復活折衝の財源調達のまま配分されることになった。このような出発点からも、自動車重量税の税法上の位置付けは明確ではなく、その後の整理の進展もみられなかった。

慣行とされてきた。その後昭和45（1970）年 9 月には日本自動車工業会
が「道路利用者新税創設に関する意見」で新税導入反対を表明、12月
の自民党道路調査会、大蔵省での取り纏め等を経て、12月21日の税制
調査会の「昭和46（1971）年度の税制に関する答申」で、自動車新税の
措置として

　「自動車重量税

　　自動車の増加に伴い、道路整備や交通渋滞に対する対策等広範に
　わたり多くの問題が生じている現状に顧み、第 6 次道路整備五箇年
　計画を主とする交通政策上の所要の施策のための財政事情を勘案し
　つつ、必要最小限度の負担を広く自動車の利用者に求める税制上の
　措置を講ずるよう政府において検討すべきである。

　　このような場合において、地方道路財源として特に市町村道路財
　源の強化について配慮すべきである。」

と提言された。同年12月25日に自民党総務会で自動車重量税（その時点
では仮称）の創設を決定、総合交通特別会計の新設は昭和47（1972）年
度からとすると説明された。この税制調査会の当日に運政審総合部会
WGの中間報告が発表されたのは、本書第 2 章1-2の(2)でも示しておい
たとおりである。また同年12月30日には総合交通政策にかかわる事務
の調整について経済企画庁が担当することも決定されたのである。

(2)　総合交通特別会計構想の検討経緯

　自動車重量税をその原資に取り組み、全ての交通機関を対象にした[7]
総合交通特別会計構想論議も、自動車重量税論議とほぼ軌を一にしてい

（7）　全ての交通機関といっても、主たる対象は国鉄対策に関するものといっても
　　過言ではない。

る。両者は一体に論じられるべきとされる性格のものであり、総合交通特別会計の創設が政策変更の大きな狙いであることから、自動車重量税はその手段であると解するのが自然であろう。

　自動車重量税関係の審議が行われた第65回国会（昭和46（1970）年5月）で、「総合交通特別会計を創設するのか」の問いに、「総合交通特別会計創設の是非については、総合交通体系の内容をみた上で検討する。総合交通体系は昭和47（1972）年度予算編成に間に合うように作りたい。」との大蔵大臣答弁が行われた。

　運輸省が大きな政策課題として取り組まなければならなかったのは国鉄の経営赤字対策であった。国鉄が交通市場で独占力を行使しうる間では経営はおおむね安定していたものの、交通市場の競争化により1960年代の初頭の1963（昭和38）年度での黒字を最後に、1964（昭和39）年度には単年度赤字に陥り、その後は1966（昭和41）年度に利益積立金取り崩し後繰越欠損、46答申の出された1971（昭和46）年度には償却前赤字となり、再び黒字回復することはなかったのである。このような状況の中で田中幹事長の自動車新税構想等を背景に、昭和45（1970）年10月には自民党交通部会が「総合交通特別会計創設の必要性とその財源措置」を纏め、さらに間髪を入れず運輸省も「総合交通特別会計設置、自動車重量税の創設」を訴えた。運輸省が同年11月に財政制度審議会第3特別部会に提出した「総合交通政策について」の資料では、その重要な一項目に「総合交通体系の形成における交通施設の整備に当たっては、各種交通施設間における投資決定メカニズムの相違、社会的総費用の負担の不均衡が投資、需要のアンバランスをもたらすこと、国土開発のための先行的整備は負担能力、外部経済効果等の観点から、積極的な助成措置により促進しなければならないこと等の問題があり、これを解決するためには総合交通特別会計を設置することが必要である。」と記されている。

　翌昭和46（1971）年では、5月の第65回国会での「総合交通特別会計を創設するのか」の質問に、福田大蔵大臣は「総合交通特別会計の是非については、総合交通体系の内容をみた上で検討する。総合交通体系は昭和47（1972）年度予算編成に間に合うように作りたい。11月頃になろう。」と回答し、創設に関しては含みを持たせていた。さらに同年12月15日の自民党総合調査会の「総合交通体系について」では、6項目目の最後に「総合交通特別会計（仮称）の創設について」が設けられており、総合交通特別会計の創設の必要性を認めた上で「各種交通関係特別会計（要求中のものも含む）との関係などを考慮すれば幾多の問題があるので、総合交通特別会計の創設については、これを引き続き検討する。」と先送りされた。その後、運政審の中間報告―その2―で「総合交通特別会計の成立は総合交通体系を実現するための有効な方法ではないかと考える。」とされたものの、本答申（46答申）では触れられていない。昭和46（1971）年12月17日の臨時総合交通問題閣僚協議会の「総合交通体系について」でも、「第2　総合交通政策の推進」の「4　費用負担と財源調達の合理化」の中で、総合交通特別会計を創設することについて「……交通社会資本整備の各特別会計がそれぞれの目的に従って経理されて、その機能を発揮している。したがって、当面はこれを基本的に改める必要性と条件が整っていない。しかしながら、総合交通体系の形成過程における将来の諸制度の改正の一環としては、今後なお検討すべきもの考えられる。」と、一年前の自民党総合調査会とほぼ同様の見方を示している。

(3)　総合交通特別会計の構想倒れ

　総合交通特別会計構想が実現に至らなかったのは、一般論としての特別会計のメリット、デメリットを勘案し、さらに新たな創設の可能性に照らしてのものであったと考えられる。メリットとしては、経理と財源

の使途が明確になること、一定範囲の財源を確保しうるため政策的出資ないし貸付が弾力的に行いうること等が指摘されており、デメリットはその逆で一般会計の統合機能を損なうこと、一般会計からの繰り越し分等の関係から経理を複雑にすること等がある。一般会計論には賢い政府（wise government）が前提とされるのは断るまでもない。総合交通特別会計が模索された頃、例えば昭和46（1971）年度予算当時では設置されていた43特別会計[8]のうち、事業特別会計に区分されている交通関係インフラ整備事業に関しては、港湾整備、空港整備、道路整備の特別会計があり、新たに総合交通特別会計を設立するにはこれらの整理統合が問われることになり、現状への追加であれば屋上屋を重ねることが懸念されたためであろう。

　時代が下っての平成20（2008）年度になって港湾、空港、道路の3特別会計は治水、都市開発資金融資の特別会計とともに社会資本整備特別会計に統合されたが、その社会資本整備特別会計も平成24（2012）年度で廃止になっている実情からも、総合交通特別会計は陽の目を見る可能性はなかったといってよいであろう。すでに1971年の日本交通学会の研究年報での岡野論文で「交通部門だけに注目して、部門内での資源の配分のあり方を問うのは不十分であり、交通部門に投入されている資源の絶対量は十分であるのか、不十分であるのかを問わなければならない。この点を認識すれば、自動車重量税を財源とする総合交通特別会計の設置が、基本的誤りを犯していることが理解されよう。」と論じられていることに、総合交通特別会計の行方が暗示されていたのではあるまいか。

（8）　43の特別会計は2007年施行の特別会計法で統廃合が進み、2022年現在では13
　　に減少し、多くの予備費の滞留が問題視されている。

第6章

46答申等の比較と臨時総合交通問題閣僚協議会の動向

昭和46（1971）年に各所で展開された総合交通体系論を可能な範囲で相互比較し、政治・行政上の纏めともいえる、経済企画庁に設置された「臨時総合交通問題閣僚協議会」の報告書、その後の更新等の概要を示す。昭和46（1971）年論議のいわば結論的な位置付けともいえるものである。

　研究者、行政・政治にかかわる人々の論理を（事後的であっても）、そのプロセスを含めて、推論する上でも興味深いものであろう。

6-1　各所の検討フレームと予測交通量

（1）　昭和60（1985）年の経済規模と生成交通量の予測

　昭和60（1985）年を目標年次とした各種計画等のベースとなったのは国民総生産（GNP）である。新全総は経済企画庁の担当であったことから、昭和60（1985）年のGNPを独自に推計したが、46答申等では既存の経済計画での推計値に依拠したものとなった。マクロモデル等によるGNP推計作業には多大の労力を要することから、他所での推計結果を用いることで、交通予測モデル分析に主力を注いだためである。

　経済計画に計量経済モデルが初めて登場したのは「中期経済計画」であったが、当時は画期的なことであったようである（前掲50年史、p.112）[1]。その後経済企画庁では各種のモデルが開発されたが、新全総では最も有効と思われる計量経済モデルを中心に目標年次の経済規模の予測を行ったが、それでもこれはシミュレーションの結果であって、比較的単純な条件を設定した上でのものであり、計画の目標ではないとの

（1）　初めての計量経済モデルは約40本の方程式から成る大型モデルで、非線型のものも含まれていたこと、学術用であったものが実用的目的に使用されるようになったことが画期的であったとする理由として挙げられている。

断りがなされている。結論として、昭和60（1985）年のGNP（昭和40年価格）は130〜150兆円になるとしている。これは昭和40（1965）年の30兆円に対し4〜5倍の規模となるものであり、一人当たりでは110〜130万円、国土面積1平方km当たり4億円前後と世界に類例のない高密度社会になるとされている[2]。

　新全総の2年後に各所で展開された総合交通体系論では、この130〜150兆円の値が目安とされた。46答申では、これまで各方面から発表された見通しでは230〜300兆円（平均成長率10％）前後という高度成長を見込んだものが大半を占めていた[3]とされる中で、こうした見通しを“強気過ぎる”との判断から200兆円と設定された。「新経済社会発展計画」でのGNPが昭和50（1975）年で96兆円であるとすれば、以後10年間の平均成長率が4.6％と極めて低くなるため、過少であるとの検討を経て200兆円とされたのである（前掲『わが国の総合交通体系』、p.93）。

　建設省では新全総での人口、国民所得、工業出荷額を勘案して215兆円、日本自動車工業会（自工会）では46答申とほぼ同様の推論で200兆円前後としている。なお、警察庁は検討対象が道路交通管理ということもあり、GNPの想定は行っていない[4]。

　当時はかなり大きい値といわれたこれらの推計値、想定値に対し、昭和60（1985）年実績は名目で330兆円、実質で350兆円であり、結果としてはいずれも過少なものであったことが判明した。政府（経済企画庁、

（2）　宮崎仁、前掲書、p.81での記述。なお、同書でもシミュレーション分析の内容は紹介されていない。

（3）　当時脚光を浴びていた「未来学」に啓発された関連で試みられた見通しのことと考えられるが、詳細は不明である。筆者（杉山）は「未来学」、「未来学会」には懐疑的であったため、その関連の資料に目を通していなかった。研究に取り組む姿勢としては反省すべきことであった。

（4）　本章で建設省という場合は『総合交通政策にな関する基本的考え方』、警察庁は『総合交通体系における道路交通管理』、自工会は『総合交通政策に関する基本的諸問題』での該当箇所を指す。

運輸省、建設省）のみならず、民間（自工会）の想定をはるかに上回るほどに経済活動は活発であったのである。46答申で"強気すぎる"とした、平均成長率10％前後での230～300兆円さえ、事後的には低いものと判明した。

　手法的には、交通需要予測はGNPをベースに、生成交通量、発生集中交通量、分布交通量（地域間流動量）、交通機関別分担量、配分交通量（ルート別交通量）の推計となるのであるが、生成交通量はGNPと連動するケースがほとんどである。ちなみに自工会では輸送需要の対GNP弾性値がほぼ1の値で推移するとして生成交通量を旅客で1,000億人、15,000億人キロ、貨物で198億トン、11,200億トンキロを下回ったところと推計している。さらに、輸送機関別分担量については、その把握の必要性は認めているが、輸送構造が大きく変化している昨今、10年あるいはそれ以上の時点について予測を試みることはほとんど意味を持たないので、定性的な傾向のみにとどめるとしている。

　各所では厳密な推計作業が行われたが、その結果の表示は統一的にはなされてはいない。また、推計プロセスも46答申以外では今となってはフォローされ得ないものがほとんどであるが、生成交通量については各所のものが確認しうるものとなっている。昭和60（1985）年のGNPを最も高く設定した建設省での生成交通量は旅客で966億人、15,730億人キロ、貨物で184億トン、15,640億トンキロと距離を加味した人キロ、トンキロベースでは自工会のそれを上回ったが、人、トンベースでは幾分低いものであった。自工会と同様の200兆円とした46答申ではそれぞれ940億人、13,980億人キロ、203.4億トン、17,380億トンキロと貨物で高めの値となっている。対比対象とされる新全総では743億人、18,180億人キロ、89億トン、7,445億トンキロとこれらの中では最も低い推計値であるが、これは想定したGNPの値が低いことが起因しているためであろう。200兆円という同じ値を用いた46答申と自工会での生成交通

量が違うのは、背景となる人口、立地、ネットワークの差に基づくもの
と考えるべきであろう。

(2)　交通機関別分担量（輸送量）の予測

　生成交通量をコントロール・トータル（CT）として、現在 OD（Origin-
Destination）表との対比から将来 OD 表を作成し分布交通量（地域間流動
量）を求め、これを各交通機関に配分して交通機関別分担量（輸送量）
を推計するのであるが、前項(1)で触れたような事情から各所で行われ
た検討結果を横並びには整理し難い。

　46 答申では、輸送時間と輸送費用による犠牲量モデルで配分した結
果を、旅客では総計（生成交通量に相当）、航空、鉄道、自動車、海運、
貨物では総計、航空、鉄道、自動車、海運、パイプラインの順に示して
いる。旅客は人、人キロ、貨物はトン、トンキロについてである。

　これに対して建設省のケースについては筆者の推論を交えた若干の補
足的説明が必要であろう。本書で依拠している文献は『わが国の総合交
通体系』の p.269〜294 に収録されている『総合交通政策に関する基本
的考え方』（昭和 46 年 9 月）であるが、そこでは交通機関別分担量に関し
て示されているのは輸送人数と輸送トン数だけである。トリップ目的別
の交通機関選択特性に応じた分担モデルによる推計結果である。当時筆
者が入手していた、同じタイトルで同じ昭和 46 年 9 月に出された『総
合交通政策に関する基本的考え方（試案）』なる冊子では、輸送人キロ
数、輸送トンキロ数の試算結果も示されている。2 つの報告書は目次構
成も本文の記述内容もほとんど同じであるものの、「3　交通需要の見
通し(2)」の部分だけに限り、（試案）では輸送人数、輸送トン数に加え、
輸送人キロ数、輸送トンキロ数も表の形で示されており、該当箇所の記
述──説明文──が異なっている。両者の関係をどう考えたらよいので
あろうかの疑問が湧くところである。多分、筆者入手の（試案）の方が

同じ昭和46年9月でも若干早く纏められたものであろうと推察され、『わが国の総合交通体系』に収録のものでは、輸送人キロ数、輸送トンキロ数は試算の段階に過ぎないとの担当者の判断でこれが掲載されなかったのではないのかと考えられる。その限りでは建設省の交通機関別分担量の輸送人キロ数、輸送トンキロ数はオーソライズされた位置付けのものとはいえないのかもしれない。とはいえ、一連の推計作業を経ての結果であると受け止め、本項(2)ではこれを用いることとする。これらが示された（試案）での交通機関としては自動車と航空・鉄道・海運をひと纏めにしたものでの2分類であることも、最終的なものとはしえなかった一因であろう。なお、『わが国の総合交通体系』に収録のものは、同書自体の目次に『総合交通政策に関する基本的考え方─試案─』とあるが、「試案」の文字は本文では付されていないので、目次の方が記載ミスであった、あるいはミスでないにしても実質的には（「試案その2」）と捉えるべきものと考えるのが自然であろう。

　また、参考までに記す新全総の本文では交通機関別分担量は示されていない。新全総が交通色の濃い計画ではあるが、交通はあくまで同計画の一部であるとの認識からのものであろう。しかし、新全総の解説を行っている前掲の宮崎編ではp.96に人キロ数、トンキロ数の分担量が示されている。人、トンベースの値は見当たらないが、これを含めて建設省の（試案）では紹介されている。推計結果を関係省庁間の事前調整（すり合わせ）の中で確認し合ったためであろう。

　これらを勘案して一つの表に纏めたものが表6-1、表6-2である。そこでの交通機関の掲載順序は46答申のものを、建設省での表記方法との関係上、一部を入れ替えておいたことを断っておきたい。

　付言するならば、46答申、建設省とも当時の電子計算機の性能レベルから相対的に簡潔なモデルを用いていたが、その後は電子計算機の高度化と相俟って精密さを求めて複雑化の途を辿った。とはいえ、複雑化

表6-1　昭和60（1985）年の旅客輸送需要の予測結果

	46答申		建設省		新全総	
	億人	億人キロ	億人	億人キロ	億人	億人キロ
総　計	940(100)	13,980(100)	966(100)	15,730(100)	743(100)	12,180(100)
航　空	1(0)	540(4)	352(36)	8,200(50)	1.04(0)	620(5)
鉄　道	305(30)	6,170(44)			266(36)	6,300(52)
海　運	3.4(1)	190(1)			—	—
自動車	630.6(67)	7,080(51)	614(64)	7,530(48)	476(64)	5,260(43)

（注）1. 46答申での表記に従って、建設省、新全総での数値を整理、ただし46答申での輸送機関の順序は建設省との並列の関係で入れ替えてある（表6-2も同様）。
　　　2. 建設省（『わが国の総合交通体系』に収録のもの）では人キロは示されていないが、それが示されていた直前の建設省資料（試案）による（表6-2の貨物トンキロも同様）。
　　　3. 新全総については、本文では示されていない人キロは、宮崎編p.95、人は建設省の（試案）による（表6-2の貨物トン、トンキロも同様）。

表6-2　昭和60（1985）年の貨物輸送需要の予測結果

	46答申		建設省		新全総	
	億トン	億トンキロ	億トン	億トンキロ	億トン	億トンキロ
総　　計	203.4(100)	17,380(100)	184(100)	15,640(100)	89(100)	7,245(100)
航　空	0.4(0)	25(0)	24(13)	10,164(65)	—	—
鉄　道	8.2(4)	4.185(34)			4(4)	1,235(17)
海　運	16.5(8)	8,030(46)			7(8)	3.670(51)
自動車	177.9(87)	5,075(29)	160(87)	5,480(35)	77(87)	2,340(32)
パイプライン	0.8(1)	65(1)	—	—		

（注）1. 新全総でのトン数の総計にはその他1億トン（全体の1％）が含まれる。

されたモデルがより精度の高い予測結果をもたらしたのかは必ずしも定かとはいえないのである。

　分担割合が46答申、建設省、新全総すべてにわたって一つの交通機関としての予測値が示されている自動車に着目してみよう。旅客については、人ベースで46答申で67％、建設省で64％、新全総で64％と大差はないが、人キロベースでみるとそれぞれ51％、48％、43％と46答申の比率が高いものとなっている。貨物については、同じくトンベースで

87%、87%、87%と奇しくも同じ割合だが、トンキロベースでは29%、
35%、32%と建設省での割合が高くなっている。先に記したように、
建設省ではトンキロベースでの値が公表（？）されていなかったという
事情が作用しているのであろうか。

(3)　昭和60（1985）年実績との対比

　生成交通量の予測はGNPに依存する所が大であるが、交通機関別分
担量は用いられる交通機関配分（分担）モデルの構造およびそのイン
プット・データの将来値の想定によることから、双方の影響で各所で特
徴ないし差が出る可能性が高い。これまで再三述べてきたように、建設
省（試案）では横並びで比較できるような各交通機関別のものとはなっ
ておらず、自工会はこれ自体の定量分析を行っていない。参考として示
した新全総での公表された資料で確認できるのは人キロ、トンキロベー
スのものだけである。そこで各交通機関別、人、人キロ、トン、トンキ
ロすべての推計結果が明示されており、かつ注目度も高かった46答申
の値を実績値と比較することとしたい。

　人間には将来を見通す能力（telescopic faculty）がないとするA. C.
Pigouの言からしても、長期予測は極めて困難であるというのが偽りえ
ない実情である。46答申の発表時以降でも第1次、第2次石油危機が
あったが、これを事前に見抜いていた（文言として残していた）人は皆
無であった。その意味でも第1次石油危機による1974年度の戦後初の
マイナス成長を、46答申作成時には組み込むことは出来なかった。そ
の一方で、マイナス成長は昭和時代にはこの1年だけであり、前掲の
50年史も1974年以降の20年間を安定成長の時期であったとしている。
この20年間にも、1980年以降には地価、株価などの資産価値の高騰、
バブル景気の到来もあった。これらのことはGNPに反映されるが、そ
れは結果論である。交通機関の分担についても配分モデルには各種のも

のが考えられ、機関選択要因の変化を前以って想定することも難題である。このような中での交通需要の長期予測は極めて困難というべきであり、前項(1)で引用した自工会の説く「輸送構造が大きく変化している昨今、10年あるいはそれ以上先の時点について予測を試みることはほとんど意味を持たない。」(自工会、p.23)との指摘は実情を踏まえたものであり、傾聴に値することなのかもしれない。

　46答申で用いたGNPこそ結果として過少なものであったが、生成交通量、交通機関分担量は全ての項目で過大推計であった。表6-3に示す通り、昭和60 (1985) 年の実績値と対比して、旅客では人ベースで1.7倍、人キロベースで1.6倍、貨物ではトンベースで3.6倍、トンキロベースで4.0倍と、とりわけ貨物での過大予測が目に着くのである。機関別には貨物での鉄道にいたってはトンベースで8.3倍、トンキロベースで12.9倍と、前述のとおりでの将来予測の困難さを勘案しても、誤差の範囲内を大きく超えるものであった。鉄道の輸送量、とりわけ貨物輸送の極端ともいえる過大予測は、46答申が出された昭和46 (1971) 年度の国鉄が償却前赤字に転落し、国鉄再建が社会的にも大きく論じられていたこととの関係はどうであろうか。これに関しては、運政審の専門委員であった岡野行秀教授は国鉄貨物輸送につき「……フレートライナーを入れるなど大増強計画を行った訳です。私はこれでいいのかなと思ったのですが、運政審の場ではそれはもう無謀だとか無意味だとはとてもいえなかった。……そこまでやれなかったことをいまでも悔やんでいます。」と述懐していた[5]が、この一例からも交通機関別分担量の推計に当たって、E. J. Mishanのいういわゆるナショナル・パラメータ (national parameter)[6]の扱いがあったのではとも考えたくなるが、これは単なる

（ 5 ）　座談会（岡野行秀・角本良平・廣岡治哉・藤井彌太郎）「交通研究―昨日・今日・明日―」、『運輸と経済』（1991年11月号）

（ 6 ）　E. J. Mishan : Flexibility and Consistency in Project Evaluation, Economica,

表6-3　昭和60（1985）年の国内輸送量の予測値と実績値
　　　　―運政審46答申のケース―

			予測値	実績値
旅客	人ベース （百万人）	鉄道	30,500	18,990
		自動車	63,060	34,680
		海運	340	154
		航空	100	44
		計	94,000	53,870
	人キロベース （億人キロ）	鉄道	6,170	3,301
		自動車	7,080	4,893
		海運	190	57
		航空	540	331
		計	13,970	8,582
貨物	トンベース （百万トン）	鉄道	820	99
		自動車	17,790	5,018
		海運	1,650	452
		航空	4	0.5
		パイプライン	76	―
		計	20,340	5,600
	トンキロベース （億トンキロ）	鉄道	4,185	221
		自動車	5,075	2,059
		海運	8,030	2,058
		航空	25	5
		パイプライン	65	―
		計	17,380	4,344

邪推であろうか。運政審の中心メンバーであった都留重人教授を「国鉄
擁護派」と位置付けている中西健一教授の記述[7]もあるが、筆者には
ナショナル・パラメータ問題に関しては確証がある訳ではない。しか

Vol41, No.161, Feb.1974（拙訳「プロジェクト評価における適応性と斉合性」、
『高速道路と自動車』1974年12月号）
（7）　中西健一「衰退期の国鉄」、前掲『鉄道政策論の展開』での第5部（p.329）

し、鉄道貨物輸送をあまりに過大に予測したことは、その後の国鉄政策の検討に少なからざる影響を与えたことは推論に難くないといえよう。

6-2　各所での主張の特徴

(1)　基本的考え方と投資規模

　46答申の概要は第 3 章、建設省、警察庁、自工会のそれは第 4 章で紹介したが、ここでは可能な限りでのそれらの対比を試みたい。とはいえ、前節6-1でも度々断っておいたとおり、各所での検討対象が一様ではないため、ここでも横並びの対比には限界が生じざるを得ない。

　46答申（運輸省）、建設省、警察庁は昭和60（1985）年を目標年次とする総合交通体系論について、省庁間での調整を含めた事前協議から、管轄する行政上のスタンスの差はあっても、基本的には大きな相違点はないとみるべきであろう。ただし、項目によっては異なる対処姿勢、ないし独自性がない訳ではない。官庁での取り組みに対し、民間組織である自工会での主張にはこの種の調整を経ていない独自のものがみられるという点が興味深いものである。

　総合交通体系の実現の手段として、市場機構の活用を大前提にする、それともこれを補足的に扱うのかについては、46答申と建設省では表現に差があり、第 3 者がこれをどのように解釈すべきかが問われよう。46答申では「総合交通体系は、一般の経済活動と同様に、市場における各交通機関間の競争と利用者の自由な選択を通じて形成されることが原則である。」として市場機構に委ねることが主張されている。この原則に続いて「しかしながら、現実の交通市場は不完全であるため、必ずしも望ましい交通体系をもたらすものとは限らない。例えば、……。したがって、望ましい交通体系の形成を行うためには、開発利益等を交通

機関に還元させるとともに社会的費用をその発生者である交通機関に負担させる等の政策措置を講ずることが必要である。」としている。開発利益の還元、社会的費用の内部化はその通りであるが、基本の大原則が市場機構型なのか、政策措置型なのか、その重点（ないしは本音）はどちらなのかは第3者の判断に委ねられているともいえる。岡野行秀教授は「市場競争を原則否定、市場介入によるものだ」と解釈し、藤井彌太郎教授は、46答申全文を通して、「46答申はマーケットメカニズムを中心とする前文と本文はまるっきり違う」としている[8]。ちなみに、筆者も両教授と同様の捉え方をしている一人である。

　建設省では交通体系の先行的整備、交通結節点施設の適切な計画・整備、道路の多面的役割への対応といった交通部門内外からの要請に十分配慮した上で、「交通施設は、国民の選択に基づく需要の動向を尊重して整備されるべきである。」とし、「利用者負担の原則に沿って負担されるべきであり、交通サービス提供の経常的支出と利用者負担の割合について、交通機関相互間の均衡を図る必要がある。」としている。そのためには公共投資重視型財政金融制度を確立し、公債の大幅発行、一般財源の投入、特定財源の強化等を図る必要性を述べている。市場での国民選択の尊重、利用者負担の原則としており、そのための財政金融制度の確立ということから、市場機構型にウェイトが置かれたものと解釈されよう。当時建設省が所管していた、規模的にも最も大きな道路特定財源に基本は納税者負担というより利用者負担の原則によるとの解釈も影響していたのかもしれない。

　警察庁は安全性と無害性の確保を最重点の方策とすべきであるとの主張で、それ以上の方法論には立ち入っていない。自工会は「基本となるべき政策理念は、交通市場への政府の介入を極力排除して競争原理の本

（8）　岡野行秀「歴史と経済政策―政府規制と評価―」、『創価経済論集』（1998年6月号）　藤井彌太郎、先に引用した（脚注5）座談会（1991年11月）での発言

来の利点をできるだけ生かすことである。」との明確な主張を展開している。自工会は従来の交通政策は誤りであったと断定し、競争原理が適切に働くには、各輸送手段の合理化、近代化によるコスト節減とサービスの質的向上への積極的な配慮、公正な競争のための条件整備が必要であるとしているのである。

　施設整備の方針としての所要投資規模は46答申で約100兆円、建設省で道路投資額として約85兆円、警察庁で交通安全投資として約 2 兆7,000億円とされている（いずれも昭和45年価格）。自工会は融資制度の拡充・強化、一般財源投入基準の確立の必要性を主張しているが、民間組織であるということのためなのか、投資規模には触れていない。

　46答申での約100兆円のうち、道路は約54兆円でトラックターミナルを含むとされている⁽⁹⁾が、建設省の約85兆円に比べ小さい値である。第 4 章4-1で紹介した通り、建設省の所要投資額約85兆円は全国的な幹線道路網に22.8兆円、都市部における幹線道路網に21.7兆円、地方的な幹線道路網に27.7兆円、その他（維持管理費等）に12.8兆円と具体的に示されている。仮に建設省の総額約85兆円から、再改築（14.6兆円）、その他（12.8兆円）を差し引いてみれば約57.6兆円となり、46答申での約54兆円にほぼ近いものとなると推測されるが、このような両省のすり合わせがあったのであろうか。推計時から半世紀以上を経た現時点では詳細を資料的に確認することは難しい。

（2）　鉄道と道路の整備の方針

　46答申での鉄道整備は国土開発の戦略的中核施設として全国新幹線

（9）　道路投資額の約54兆円（用地費を含む）の内訳は46答申本文には記載されていないが、前掲『わが国の総合交通体系』で解説がなされている部分の第 3 編第 4 章のp.208、213では示されている。そこでは高速道路11.7兆円、一般道路40.6兆円、ターミナル1.6兆円、計53.9兆円となっている。

鉄道網は総延長最大7,000kmとされている。そこには特に輸送需要の多い東京～大阪間での超高速第二東海道新幹線（原文ママ）とともに成田新幹線も含まれていた。7,000km構想は昭和60（1985）年においては少なくとも新幹線鉄道部門で採算が採れることを前提としたものだが、国鉄の経営問題としては在来線の収支をも考慮して検討する必要があるとされた。在来線は幹線約10,000kmの複線電化とともに、特に貨物輸送の多い幹線区間では複々線電化あるいは新しい貨物輸送システムの開発整備を行うものとされた。運輸経済懇談会（運懇）での検討結果の影響であると思われる、ヤード方式から直行方式へのシステム・チェンジによる専用輸送の促進、フレートライナー等への重点化による協同一貫輸送の活用と、貨物輸送需要の予測結果（トン数で昭和44（1968）年比で4.2倍、トンキロ数で同じく5.0倍）を前提にしたものであった。

　高速道路については現行（当時）計画の7,600kmの高速自動車国道の建設のほか、地域開発の状況に応じた高速自動車国道またはこれに準ずる高規格の道路（原文ママ）の整備を行うとされている。一般道路については生産機能の全国土への分散促進のため、全国高速自動車国道網の整備とともに、膨大な短距離面状輸送と端末輸送を消化するための整備を行うとされている。その投資額は高速道路11.7兆円、一般道路40.6兆円とされているが、前項(1)で触れたように（脚注9参照）、それ以上の記述はない。

　建設省では、全国的幹線交通ネットワークの整備として、新幹線鉄道については日本列島横断の軸的路線を形成し、大都市と地方中核都市を直結し、その時間距離を飛躍的に短縮すること、高速道路は規定計画の7,600kmを完成するともに、地域開発の進展に応じて高速道路またはこれに準ずる高規格の道路（原文ママ）の整備を促進すること、東海道等大量の交通需要が発生する地域では第2東名、第2名神等の高速道路を整備する必要があるとされている。協同一貫輸送体系の確立には交通

結節点の整備の促進、全国的幹線ネットワーク相互間およびそれらと地域交通体系との有機的連携を図る必要があるとしているが、それ以上には踏み込んでいない。都市交通体系、地方交通体系については交通機関の特性を活かしたインフラの整備の必要性が説かれている。

　46答申、建設省の整備方針は基本的に変わりはないが、表現では具体性という点で若干の差があるといってよいであろう。鉄道の新幹線整備では46答申に超高速第二東海道新幹線と述べられているのに対し、建設省では日本列島横断の軸的路線の形成と幾分抽象的である。これとは対照的に、高速道路に関しては建設省が第2東名、第2名神を挙げているのに対し、46答申ではこのような固有名称はない。超高速第二東海道新幹線も第2東名、第2名神もそれぞれ建設省、46答申では言外に含まれていると解釈すべきなのかもしれない。

　貨物輸送に関しては、46答申ではかなり具体的に専用輸送、フレートライナーへの重点化での中長距離陸上貨物輸送の動脈としての活用が記されているのに対して、建設省では協同一貫輸送の確立の必要性、そのための結節点の整備の促進、全国的幹線ネットワーク相互間およびそれらと地域交通体系との有機的連携を図る必要性等が述べられている。先に記した運懇の影響が建設省では相対的に薄かったと考えるべきであろう。

　自工会では道路整備の必要性が前面に出されており、自動車の利点、劣悪な道路条件から道路政策は転換期に至っているとしている。「道路の存在が鉄道を否定することにはならないと同様、鉄道の存在が道路を否定することにはなりえない。」（自工会、p.30）との表現に総合交通体系が含意されているとも考えられるのである。

(3)　自動車重量税の扱いと使途

　総合交通体系論の大きな論点の一つは自動車重量税の動向であった。

建設省では報告書の末尾に「自動車重量税の性格と使途」が述べられている。自動車重量税の性格から（本書第4章4-1(3)参照）、「自動車重量税は、目的税的に使用することが必要であり、まず道路の整備および信号機等の交通安全施設整備に充当すべきである。」、「自動車重量税を交通結節点等道路交通が効率化を図るため必要な他の施設の整備に使用することもまた、納税者の理解を得られるものと考える。」と明記されている。そこでは自動車重量税収を有力な財源とする総合交通特別会計構想にも、国鉄の赤字補填対策への充当にも全く触れられていない。

　これに対して、建設省より若干前に発表された46答申では、自動車重量税は扱われていない。自動車重量税そのものが昭和40年代前半から政策上の話題になっていた（本書第5章5-3(1)参照）ことからすれば、何らかの見解が示されていても不思議ではない。もっとも、46答申に先立つ運政審の「中間報告―その2―」では「総合交通特別会計の設立」が謳われていたことからすれば、運政審でも議論の対象となったことは想像に難くない。あるいは激しい議論となったからこそ、本答申ではその扱い（結論）が難しかったのかもしれない。中間報告では各交通手段を念頭に入れて「……投資配分の客観的な基準を明確にした上で、所要資金の調達と配分を総合的に（傍点は筆者）なしうるようなシステム、例えば総合交通特別会計といった制度の創設が必要である。」と綴られている。ところが総合交通特別会計なる用語は46答申では使われていない。46答申の「Ⅲ　総合交通体系形成のための行財政措置」の「3　新たな資金調達配分システムの創設」の中で、「……本来的は陸海空の全ての交通機関の施設整備を対象とし、総合的な（傍点は筆者）計画のもとに資金調達と投資配分を行うことが望ましい。しかしながら、既存制度に伴う諸事情を考慮すれば、現在（当時）の段階でそのようなシステムの設置を図ることよりも、むしろ当面は、国民経済上その整備が必要とされるが、その資金調達が困難である交通施設のみを対象と

し、その所要資金の調達と適切な配分を可能にするような新しい資金配分システムの創設を行うべきである。」との表現に、時期的先送りを代弁させているのであろうか。

　建設・運輸両省の事前調整がどのようなものであったのかは筆者には知る術はないが、自動車重量税をめぐっては明らかに基本的な差がみられたといえよう。その差は両省の行政上の所管が影響したことなのであろうか。この点で民間組織である自工会の主張は、46答申と時をほぼ同じくしても、明快である。「新しく自動車新税として成立した自動車重量税は、その税源を自動車に求めながら他の交通機関、特に鉄道に対する投資補助の一部に使用としている。このような方法を総合交通体系の確立の一助にすることは明らかな間違いであり、政府の不当な介入といわざるを得ない。」（自工会、p.41）と断定している。

　なお、自動車重量税の税法上の位置付けは、本書第5章での脚注6で示しておいたように明確ではないが、自動車重量税自体は道路特定財源が一般財源化された後も存続し、しかも本則税率の約2.5倍の「当分の間税率」が適用されている。政策論議の複雑さを物語る代表的な一例であろう。

6-3　臨時総合交通問題閣僚協議会の方針と見直し

(1)　臨時総合交通問題閣僚協議会の設立の経緯とその役割

　昭和46（1971）年に展開された総合交通体系論議を総括するもので、経済企画庁が窓口になって纏められた

臨時総合交通問題閣僚協議会『総合交通体系について』(10)

は、注目しておかなければならないものである。政府としてのいわば結論的なものに相当する取り纏めなのである。

　ここで同報告書を出した臨時総合交通問題閣僚協議会の設立の経緯を振り返っておこう。経済企画庁（長官）が道路、鉄道、海運、航空を一体としたという意味での総合交通体系樹立の調整を担当することになったのは昭和35（1961）年12月30日の閣議決定であった。ほぼ10年後になって同庁大臣官房に「総合交通対策調査室」が設立され、「総合交通対策調査委員会」も設けられた。総合交通対策調査室は運輸省、建設省、警察庁、さらには国鉄の所管事務についてのヒアリングの窓口にもなった。同調査室は経済企画庁内の臨時の組織であったため、その後の閣僚協議会にも“臨時”の言葉が付されたものであろうと考えられる。この総合交通対策調査室は運政審46答申、建設省、警察庁の総合交通体系論に対する意見を独自に纏めた上で、臨時総合交通問題閣僚協議会による決定である『総合交通体系について』に繋げる役割を担うこととなった。

　臨時総合交通問題閣僚協議会は昭和46（1971）年４月15日に設置されたが、その直接的契機となったのは、折からの国会での自動車重量税法案の審議の高まりの中で、道路、鉄道、海運、航空を一体化する総合交通体系の樹立に関する基本方針および重要問題を協議するためということであり、その調整能力に期待が寄せられた。構成員は大蔵、農林、通産、運輸、建設、自治の各大臣、内閣官房長官、自民党幹事長、総務会長、政調会長、総合交通調査会(11)長と錚々たるメンバーであった。同

（10）　その全文は、前掲『わが国の総合交通体系』のp.295〜317に収録されている。
（11）　総合交通調査会は多数の自民党国会議員による組織で、会長は46答申諮問時の運輸大臣橋本登美三郎氏であった。同調査会は臨時総合交通問題閣僚協議会

閣僚協議会には関係官庁次官で構成される幹事会が設置されており、その申し合わせで、関連の事務業務は経済企画庁官房総合交通対策室に一本化された。もっとも、本書第 3 章3-1(3)で示したように、総合交通対策に係る事務の調整についての正式な文書は昭和45（1970）年12月30日に保利茂内閣官房長官から佐藤一郎国務大臣に「道路、鉄道、海運および航空を一体とした総合的な交通体系を樹立するため、行政各部の所管する事務の調整を貴官の担当することと決定しましたから通知します。」と出されていたのであるが……。

　臨時総合交通問題閣僚協議会、幹事会の実質的な検討作業部隊は関係省庁の審議官、参事官クラスで構成された「総合交通問題担当官会議」であり、そこでは総合交通体系論での各省庁の共通認識の確認、すでに出されていた運輸省、建設省、警察庁の答申等の比較検討が行われ、これらの勘案を経て昭和46（1971）年12月17日の決定に至ったのである。このような経緯から纏められた『総合交通体系について』は、運政審答申を46答申としたことの例になぞらえたのであろうか、46方針と呼称されている。次項(2)で紹介するように、46方針は交通関係省庁の答申等を、政府・行政を挙げての調整を踏まえた役割のものと位置付けられるものである。

　なお参考までに記すと、総合交通体系については経済企画庁に設置された「総合交通体系研究会」でも昭和45（1970）年 4 月以来鋭意検討が進められていた。そこでは研究会 7 回、専門委員会およびWG検討会 8 回を開催して、新しい交通ネットワークの形成に関する大規模プロ

　の報告書が出される直前の昭和46（1971）年12月15日に『総合交通政策について』を纏めている。そこでは末尾に総合交通特別会計（仮称―原文ママ）の創設について「……総合交通特別会計の創設についてはその必要性がある。しかしながら、各種交通関係特別会計（要求中のものも含む）との関連などを考慮すれば幾多の問題があるので、総合交通特別会計の創設については、引き続きこれを検討する。」と綴られている。

ジェクトの具体化を図るため

①　交通体系の現状と新しい交通ネットワークのあり方
②　交通機関の地域開発に及ぼす影響
③　地域流動システムの分析

を主要課題として、議論が行われた。これらを纏めた報告書は「総合交通体系研究報告（案）」として昭和45（1970）年11月に検討用最終稿として用意された。その後も残された諸問題のうち、交通体系の基本的方向、新幹線鉄道網等の地域開発効果、地域流動量の推計などについて検討が加えられ、その一つとして翌昭和46（1971）年1月に「高速ネットワークの構想」が纏められている。「46方針」に先立つ経済企画庁内部報告書である[12]。

　その後、経済企画庁は「総合交通研究会」で改めて総合交通体系の見直し作業を行い、昭和49（1974）年8月に岡田清主査の下で

　　「総合交通体系の検討に関する中間報告—新たな制約下において進むべき方向—」

が出されている。新たな制約とはエネルギー資源、労働力、環境問題、交通空間の4つであり、その下での総合交通体系のあり方を論じた中間報告は同年9月14日の日経新聞の「経済教室」でも取り上げられた程注目されたものであり、最終報告が期待されたが筆者にはその確認ができないので、上記の経緯だけを示すにとどめざるを得ない。

（12）　これらの報告書は当時筆者が在籍していた運輸経済研究センターでの研究用資料として入手したものであり、公的に発表されたものであるかは未確認である。これらがその後経済企画庁で保存されたのかも定かではない。

(2)　『総合交通体系について』（46方針）

　46方針を示した報告書は

　　　第 1　総合交通体系形成の考え方
　　　　　1　総合交通体系の必要性
　　　　　2　総合交通体系形成の考え方
　　　第 2　総合交通政策の推進
　　　　　1　交通機関役割分担の確立
　　　　　2　交通需要調整策の推進
　　　　　3　総合的施設整備の方向
　　　　　4　費用負担と財源調達の合理化
　　　　　5　運賃料金政策の確立
　　　　　6　新しい体制の確立
　　　　　7　自動車交通、日本国有鉄道およびその他の公共交通機関に
　　　　　　ついての考え方

から構成されている。先にも記したように、基本的には運政審46答申、
建設省、警察庁での記述内容を可能な限り調整の上で論じたものである。
　「第 1　総合交通体系形成の考え方」の「 1　総合交通体系の必要性」
では、1960年代から引き継いだ主要な問題は

　　　①　大都市における交通渋滞と通勤、通学難
　　　②　交通事故、交通公害の多発
　　　③　公共交通の経営難

であり、いずれも緊急な解決を迫られているとし、1970年代の新しい
主要課題は

① 国内・国際を通じての人的交流・物的交通（原文ママ）の拡大化への対応

② 国土の均衡ある発展を促進させるにふさわしい新しい総合的な交通網の整備

③ 公害・事故防止、自然環境の保全等

④ 交通需要の増大と多様化、高度化への対応

⑤ 日常生活に不可欠な公共交通サービスの確保

であると纏め、これらの課題解決には次の5つの政策を交通政策と相互一体として積極的に推進することが必要であるとしている。その政策とは

① 社会資本の充実の強化に重点を置き、民間資本と社会資本との均衡を図ること

② 交通社会資本と宅地、工業用造成地、上下水道等その他の社会資本との整合性の取れた整備を行うこと

③ 国土利用の偏りを是正するための過密過疎対策、土地利用調整政策を強力に実施すること

④ 大都市地域の都市機能の多岐分散化を推進するとともに、地方中核都市においては都市機能の再編成を通じて都市構造の近代化を図ること

⑤ 物的流通の合理化・近代化を図ること

である。その際、「交通部門での政策もこれまでのような個別交通機関ごとに対応する個別施策の集合ではなく、競争原理を活用しつつ、交通機関の特性に応じた望ましい分担関係を実現するための諸方策を実施する。」とされているが、「競争原理を活用しつつ」（傍点は筆者）との表現

からは、望ましい分担関係の実現は多分に運政審46答申の踏襲と位置付けられうるといってもよいであろう政府主導型であるものと推察される（筆者）。

「2　総合交通体系形成の考え方」では、(1)総合交通体系の意義、(2)交通市場での社会的費用の負担と開発利益の還元等の不完全性、(3)分担関係の確立について述べられている。(1)では総合交通体系を「長期展望に立った目標を達成するための諸方策を総合化し、体系化していく政策体系」としているが、これが46方針での総合交通体系の定義に相当するものであろう。固定的なものではなく、弾力的に考えていくべき性質のものだとされているだけで、それ以上の踏み込みがない点は運政審46答申と同様である。(2)では社会的費用をできるだけその発生者の交通機関に負担させ、開発利益を極力還元し、受益者負担原則の確立が説かれているが、論理的には当然のことの確認でもある。要はその具体的方法論であろうが、「46方針」ということから、それは行政の役割であるとしているものと推測される。(3)では「競争原理を活用しつつ、同時にあらかじめ各交通機関の機能に従って、その分担を想定し、これをガイドポストとして交通需要を調整、誘導していくことが必要である。」との記述からも政府主導型であるとのニュアンスが否定できない。

「第2　総合交通政策の推進」の「1　交通機関分担関係の確立」では、利用者の選好要素と交通機関の特性から、分担関係の確立プロセスを図6-1のように示し、大都市交通、地方都市交通および地方の域内交通、都市間交通に分けて論じている。大都市交通では他の2つのケースに比べ供給制約が大きいとされているが、「2　交通需調整政策の推進」との関係で適正分野論をどうするのかという点では明確ではない。「3　総合的交通施設整備の方向」では、全国幹線交通網の整備として、高速自動車国道7,600kmの建設、新幹線鉄道では（当時）建設中の山陽新幹線に加え、東北、上越、成田の3新幹線の計画的整備、全国的航空網の整備、

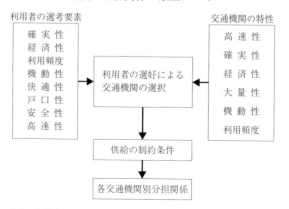

図6-1　交通機関の分担関係の確立プロセス

利用者の選考要素

- 確　実　性
- 経　済　性
- 利 用 頻 度
- 機　動　性
- 快　適　性
- 戸　口　性
- 安　全　性
- 高　速　性

利用者の選好による
交通機関の選択

交通機関の特性

- 高　速　性
- 確　実　性
- 経　済　性
- 大　量　性
- 機　動　性
- 利 用 頻 度

供給の制約条件

各交通機関別分担関係

出典：運輸経済研究センター『わが国の総合交通体系』　p.300

流通拠点港湾の整備、大都市圏交通網の整備が謳われ、交通安全および公害防止対策も前提とされている。「4　費用負担と財源調達の合理化」で注目すべき点は総合交通特別会計の創設についての考え方である。現状（当時）の各特別会計を当面これを改める必要性は整っていないが、総合交通体系の形成過程における将来の諸制度の改正の一環として、今後なお検討すべきとして含みを持たせているが、これは本節前項(1)で示しておいた総合交通調査会での記述と同様である（脚注11参照）。「5　運賃料金体系の確立」では、規制のあり方として地域的な独占性が強く不特定多数の利用者の鉄道旅客、バス等は確定運賃による規制の継続、トラック、内航海運等との競争が進んでいる鉄道貨物は最高最低運賃制、タクシーは運賃規制の緩和の検討、運賃料金の水準では個別原価主義が原則、それが困難な場合は総合原価主義も止む負えないとされている。「6　新しい体制の確立」では法令制度の改善、行政運営の合理化、民間の活力と創意工夫の活用、技術開発の推進が謳われている。「7　自動車交通、日本国有鉄道およびその他の公共交通機関についての考え

方」では、運政審46答申では先送りされた国鉄について、総合交通体系からみたあり方として財政再建対策（昭和44（1979）年 9 月12日閣議決定の「日本国有鉄道の財政再建に関する基本方針」）の再検討、業務分野の確立、貨物輸送体制の整備が必要とされている。財政再建対策としては、経営の合理化、公共割引の是正を含む運賃料金水準の適正化、財政再建措置の見直しを早急に行うべきとし、業務分野の確立では、新幹線鉄道は当面山陽、東北、上越および成田につき整備を図り、その他については路線ごとの需要量の見通し、経済効果、収支見通し等を基本的に検討の上、計画的整備を図るとされている。客観的で厳密な経済計算を前提とすべきであろう（筆者（杉山））。貨物輸送体制の整備では、貨物駅の集約、拠点駅の整備、通運事業との合理的な協同体制の強化、通運料金の弾力化、ターミナル施設の整備、パイプラインの整備等の重点措置が説かれている。具体的な内容は運政審46答申を尊重する形となっているといえよう。国鉄に関してはかなり踏み込んだ記述となっているが、運政審46答申でも述べられた成田新幹線、パイプラインの構想があったこと自体今日では忘れ去られている可能性も否定できない。総合交通体系からみた地下鉄、バス等の公共交通機関のあり方として、その輸送体制の確立が必要とされる都市交通、地方の交通別に論じられている。都市交通ではバス路線の再編整備等、道路の整備、公共交通機関の優先通行の確保、高速鉄道網の整備、路面電車のあり方が、地方の交通では日常交通の確保、経営基盤の強化が指摘されている。

　「46方針」という呼称からも類推されるように、とりわけ「第 2　総合交通政策の推進」の章は具体化を念頭に置いているものが示されている。ここにおいても交通機関の整備には隘路打開型から先行投資型への移行が意識されているものと解せられるが、鉄道整備には利用者動向から慎重に論ずる必要があったのではなかろうか、なお用語だけの問題であるが、この章ではタイトルに総合交通体系ではなく、総合交通政策と

している（傍点は筆者）。ハード面だけでなく、ソフト面をも意識したものと思われる。

(3) 「56年度見直し」とそれ以降の動向

「46方針」は10年後に「56年度見直し」と呼称される検討がなされた。「46方針」では昭和46（1971）年当時予想されていなかった社会的経済的な諸条件（経済成長の鈍化に伴う輸送需要の伸びの鈍化、石油危機によるエネルギー制約の強まり等）により、昭和54〜57（1979〜1982）年にかけて経済企画庁が中心となって見直しが行われ、その結果として「46方針」での基本的考え方、基本的方向は現在（見直し当時）も概ね妥当、全総、経済計画、事業所管轄官庁の長期計画等においても「46方針」の踏まえての施策が展開されてきたとの見解が示され、全体として整合性と調和の取れた政策体系が必要との合意から、昭和57（1982）年2月2日に総合交通担当官会議了承となった。

さらにその10年後、昭和63（1988）年8月経済企画庁総合政策局に「21世紀の総合交通体系研究会」（都市化研究公室専務理事 吉田達男座長）が設置され、同年11月に中間報告、平成元（1989）年4月に最終報告書[13]が作成された。吉田研究会では、21世紀の総合交通体系構築への課題として、既存計画の着実な推進、新技術の活用、地域政策との連携、国際交通の充実、輸送システムの改善、自由競争条件の整備と多様性の確保、安全・環境問題への対応、建設・管理・運営主体のあり方、財源のあり方、施策の総合化の10項目が謳われている。

「46方針」のさらなる検討は四半世紀後に国土庁調整局に設置された「総合交通政策研究会」（岡野行秀委員長）で行われた。岡野研究会では「46方針」策定時での主要な問題点である大都市圏における交通渋滞と

---

(13) 経済企画庁総合計画局編『21世紀の総合交通体系—新しい時代の構築に向けて—』（1989年5月、大蔵省印刷局）

通勤・通学難、交通事故・交通公害の多発、公共交通機関の経営難を、現状（当時）を踏まえ交通混雑、交通事故、交通公害、公共交通機関の経営難の 4 つから整理の上、21 世紀に向けた新たな課題への対応として、地球環境問題、国際化、高度情報化、高齢化、リダンダンシーの 5 つが取り上げられ、総合交通政策の目指すべき方向として公平なモビリティの確保、安全と安定、交流・連携の拡大、環境負荷の低減の 4 つが提言されているのである[14]。

---

(14)　総合交通政策研究会『21 世紀に向けた総合交通政策のあり方について〜総合交通政策の新しい視点と対応への方向〜』、同〈参考資料編〉（1997 年 6 月）

第7章

46答申以降の
総合交通体系(政策)関連の
運輸政策審義会答申

運政審答申は第1号から第20号まで続いたが、その中でいわゆる総合交通体系論を扱った、ないしは関連したものをピックアップし、それらの答申内容を紹介する。最初の昭和46（1971）年の46答申から10年後、20年後に出された第6号、第11号、運政審としては最後のものとなった第20号答申がここでの対象となる。

運政審時代を通じての、いわゆる総合交通体系論として本書でも最後の章となるものである。

7-1 第6号答申『長期展望に基づく総合的な交通政策の基本的方向—試練の中に明日への布石を—』

(1) 46答申以降の運輸政策審議会の審議動向

昭和45（1970）年6月に設立された運輸政策審議会（運政審）への運輸大臣諮問は、昭和45（1970）年6月25日の第1号から平成11（1999）年5月20日の第20号まで、計20回行われた。それらへの答申の中で、全ての交通機関を念頭に入れた、ないしは各交通機関をあまねく扱うという意味での、いわゆる総合交通体系論に分類されうるものとしては

第1号『総合交通体系のあり方およびこれを実現するための基本方策いついて』
第6号『長期展望に基づく総合的な交通体系の基本的方向—試練の中に明日への布石を—』
第11号『21世紀に向けての90年代の交通政策の基本的課題への対応について』
第16号『交通運輸における需給調整規制廃止に向けて必要となる環境整備方策について』

　　第20号『21世紀初頭における総合的な交通政策の基本的方向について―社会経済の変革に呼応したモビリティの革新―』

の5つが指摘される⁽¹⁾。本書第3章で紹介した46答申は運政審の新設目的に呼応すべき諮問第1号へのものであったことからも、その主題である総合交通体系論は他の省庁、政界を挙げて、さらには民間組織も加わって、大々的に検討・論議されることとなった。このような反響、動向は少なくともその後の運政審答申にはみられないことであった。第1号答申はそれだけ社会的注目度が高いものであったといってよい。何事につけても最初のものは新鮮度も高いのである。

　46答申（第1号答申）時での背景にあった経済の高度成長から安定成長への移行の中で出されたのが第6号、第11号答申であった。第16号答申は1990年代後半からの行政改革の中心となった「規制緩和推進計画」における政府方針を受けて、運輸行政も対応すべきであるということからのものであった⁽²⁾。第20号答申は運政審としては最後の答申であり、90年代でのあり方を論じた第11号答申の21世紀初頭へのリニューアル提言版ともいえるものであった。

　なお、第16号答申は行政改革という大きな流れの中で経済全体にお

（1）　これら以外については、例えば本書第3章の末尾で触れた、46答申後の第2号答申はバス・タクシーのあり方に関するものであり、規制緩和環境整備を論じた第16号答申の後は第17号が低燃費自動車普及、第18号は東京圏高速鉄道網整備（第7号の改訂）、第19号は中長期的鉄道整備についてと、審議対象がモード・地域横断的なものではなかった。なお、運輸省に置かれて活動していた他の審議会には海運造船合理化審議会、港湾審議会、航空審議会、観光政策審議会、気象審議会があった。

（2）　行政改革委員会が設置されたのは平成6（1994）年12月であり、その後「規制緩和推進計画」はたびたび更新、閣議決定された。交通分野でもこれを検討すべきであるとして、平成8（1996）年12月の運輸省の「今後の運輸行政における需給調整の取扱について」に基づき平成9（1989）年4月に運政審に第16号の諮問がなされる運びとなった。

ける規制緩和に運輸行政もそのための環境整備をすべきだという位置付けからのものであった。その審議体制もそれまでの5つの常設部会（総合部会、情報部会、地域交通部会、物流部会、国際部会）から、総合部会に加えて新たなモード別の4部会（鉄道部会、自動車交通部会、海上交通部会、航空部会）を設置して答申を行うというものであった（4部会の答申時期も異なったが、それらを総称して第16号答申と呼んでいる）。わが国交通政策の重要な転機となったものであるが、これについては規制緩和政策論の中で別途本格的に扱うべき大きな事項であると判断して、そこでの検討に委ねることとしたい。

(2)　第6号答申での審議の体制と内容

　先に示した5つの答申の中では、第1号答申（46答申）で使用された「総合交通体系」の用語は、第6号と第20号で「総合的な交通体系」、「総合的な交通政策」との和らげた表現がみられるだけであり、第11号と第16号では、各種交通機関が個別に論じられたためなのであろうか、答申のタイトルに「総合」という冠言葉さえ付されていない。筆者の解釈では、最も脚光を浴びることになった第1号答申で理想形である「青い鳥」論が明示（確立）されえなかったという経緯から、その後の答申では総合交通体系論から脱却（?）しようとしたのではとの憶測である。

　第6号答申『長期展望に基づく総合的な交通政策の基本方向』は昭和55（1980）年4月1日の諮問に応えて昭和56（1981）年7月6日に出されたものであり、第1号答申が出された年の元号に基づき46答申と通称されることへの対比から56答申とも呼ばれている。1980年代を迎えて、経済社会情勢の変化に対応した、長期的かつ総合的な視点からの交通政策の確立が諮問理由であった。

　56答申が話題とされるようになった当時、全日本空輸の『ていくお

ふ』誌1979年 9 月号は「総合交通体系再論」とする特集を組んだ[3]。46答申から10年後に、総合交通体系を再び論ずるのではとの視点からのものであり、特に土屋清、榊原胖夫、角本良平 3 氏による座談会が興味深いものであった。総合政策研究会の土屋清理事長は、公共投資、エネルギー制約の両面から何が一番望ましい交通機関なのか、その組み合わせを考えてみる必要があり、公共投資に優先順位をつけることが総合交通体系であると主張している。交通評論家の立場で参加した角本良平氏は、優先順位をつけるのは交通だけの問題ではなく、総合交通体系論は昭和46（1971）年に少なくとも日本では議論が空回りして答えが出ず、完全に死んだ鳥だとしている。榊原胖夫教授は経済学者の視点から、総合交通体系とは何かは非常に難しい問題ではあるが、完全に死んだ鳥ではなく、費用、サービス特性の両面から最適の交通システムを考えるべきものであるとの主張を展開した。同教授は角本氏の不可知論に基づく議論に、方法論は全然違うものの、自らの結論はあまり違わないとして、その時代に合った交通体系を作り上げることであると結んでいる。純粋に理論的に考えられた総合交通体系は存在しないが、議論に供せられるのが現実の姿であるとの主張である。

　特集の巻頭論文で、第 1 号答申での総合部会長を務めた八十島義之助教授は「1980年代の総合交通体系」と題して、利用者、事業者、地域の三者の利害を全部満足する答えはまず得られない、それらを考慮に入れていわゆる完全無欠の解ではなく、いわゆる最適解[4]を求める作業が1980年代に備えて必要だ、総合交通体系は最もありたい姿というものだと論じている。

（ 3 ）　全日本空輸株式会社広報室『ていくおふ　No.8』、1991年 9 月
（ 4 ）　 3 者の利害関係を考慮に入れるということからは次善解、三善解、…というべきであろうが（本書第 1 章1-1参照）、「いわゆる」という言葉にそのことを込めた上での論述だと思われる。

同特集号からも総合交通体系論とは何かでは主張が分かれていることが確認され、議論が一様に収斂し難いことが判る。筆者は座談会での榊原教授の取り纏めた考えに近い見解であるが、「総合交通体系」という用語には抵抗感を強く抱く一人である。

　第6号答申は社会経済の著しい変化に対応して、長期的な展望の下に80年代における交通政策の課題を探り、それを克服して交通政策の目標を実現するための新しい総合的な交通政策を確立する必要があるとして、目標年次を昭和65（1990）年に置いて検討が進められた[5]。審議体制は企画部会（秋山龍部会長）、幹線旅客交通部会（八十島義之助部会長）、地域旅客交通部会（伊東光晴部会長）、物的流通部会（林周二部会長）の4つの部会、各部会に小委員会が設けられ、総会が3回、部会が16回、小委員会が53回開催され、それらを一本の答申に纏めるというものであった。

　答申は2部、8章構成であり、目次は

（5）　第6号答申は運輸省編として運輸経済研究センターで1981年7月25日に公刊された。
　　また、同答申と参考資料、答申についての運輸省の担当責任者の講演録をも収録したものとしては
　　　運輸省編『80年代の交通政策のあり方を探る』（1981年11月、ぎょうせい）
　　が有用である。

218

である。

　「第 1 部　80年代における総合的な交通政策の課題」の第 1 章では経済社会の変貌内容として、①安定成長経済への移行、②所得水準の上昇、③自由時間の増大と価値観の変化、多様化、③人口、産業の地方分散、④高齢化社会の到来、⑤エネルギー、環境等の制約の強まり、⑥産業構造の変化、⑦国際的相互依存の一層の高まり、⑧情報化の進展と技術開発の必要性の高まり、が挙げられ、第 2 章の交通需要の展望では昭和55（1980）年度から昭和65（1990）年度までの実質経済成長率を5.0%前後、昭和65年度の石油輸入量を日量570万バーレルまたは630万バーレルと想定し、幅予測の形で示された。昭和65（1990）年度の国内旅客輸送量は620〜640億人、9,900〜10,300億人キロ、国内貨物輸送量は82〜86億トン、6,900〜7,400億トンキロ、国際旅客輸送量は3,100〜3,900万人、国際貨物輸送量は輸出で1.3〜1.5億トン、輸入で9.2〜10億トンと推計された。昭和65（1990）年度以降は伸び率はさらに鈍化するが漸増傾向が続くこと、需要の集中する東京、大阪地区の空港、東名・名神高速道路の一部区間、港湾では相当の容量不足、東海道新幹線でも供給ネックが生じるものと予測されている。第 3 章では総合的な交通政策[6]の課題として、住みよい地域社会の基盤作り、産業構造の変化への対

（6）　ここでも「総合的な交通政策」の意味するところは何か、「総合的な」が付されていない「交通政策」とはどう異なるのかについては示されていない。上記8 つの課題を考慮に入れてのことを総称しているのであろう。

応、交通弱者への対応、交通投資の効率化の要請、エネルギー制約への対応、環境の保全、労働力問題への対応、情報化の進展と技術開発の必要性の高まりへの対応の8つが指摘されている。

「第2部 80年代における総合的な交通政策のあり方」の第1章では、まずその理念として効率性の確保、21世紀への対応、ゆとりの追求、活力の維持、協調と連携補完原理の導入の5つが必要であるとしている。次に交通における行政の役割では、望ましい交通体系の形成に関する基本的考え方として各交通機関の競争と利用者の自由な選好が反映されることを原則とすべきであるが、交通空間、エネルギー等の制約の強まりから一層の政策的措置の充実が必要であるとする。さらに交通部門における事業規制のあり方では、事業規制のうちその障害となるものについては見直す必要と改善の方向を示すこととし、運賃は適正なコストに基づいて決定すべきであることから、現行（当時）の国鉄全国一律運賃の是正、航空運賃の遠距離逓減化、都市における乗り継ぎ運賃の導入等の必要性を指摘している。加えて国鉄の経営再建等交通企業の経営の安定、総合安全保障の確保が必要であるとしている。それらを各分野に共通する政策のあり方として、省エネルギー対策、環境保全対策、交通弱者対策、交通技術の開発、交通安全対策にブレークダウンして論じられている。

幹線旅客交通政策のあり方では、その体系整備の基本構想は無駄のない国土の新しい骨格づくりであるとして、全国体系では在来鉄道のスピードアップ、道路の整備、比較的需要の少ない地域での航空の重点整備、近距離体系等では在来線のスピードアップ、高速バスの選択的運行、円滑な乗り継ぎの確保、建設費の低減を説いた上で、航空、鉄道、高速道路の各交通機関の整備のあり方をかなり具体的に論じている。その際、空間制約に対処した政策措置の検討の必要性、長期的な課題として、首都圏における空港能力の拡充、東海道新幹線の輸送力ひっ迫対策

を着実に講ずる必要があるとしている。

　地域旅客交通政策のあり方では、その基本は新しい地域社会の基盤づくりにあるとして、公共交通と自家用車を対立関係と捉えるべきではないこと、移動の連続性の確保として乗り継ぎ運賃の導入等を進めること、計画・補助・財源・行政体制では、従来からの提言を現実に照らして着実に実行していくこと、財源確保は将来的課題であること、国と地方公共団体の協力関係を確立することが必要であるとされている。

　物流政策のあり方では、その基本的考え方は効率的省資源型物流体系の形成にあるとして、効率的物流体系の形成では総合運送取扱業制度の創設、協同一貫輸送の推進、船腹調整制度への所要措置の必要性、省資源型低公害物流体系の形成ではモーダルシフト等の促進のための政策的措置、交通空間の制約への対応として共同輸送の推進、関連インフラの整備、労働力対策の充実と環境・公害対策の推進が必要であるとしている。物流政策で特に必要性が指摘されているのは国鉄貨物輸送の再編成で、国鉄は市場志向的な発想に切り換える必要があるとされている。

(3)　46答申との対比

　第 6 号答申は46答申以後日本の経済社会が 2 度の石油危機に直面せざるを得なくなった等で高度経済成長の時代は去ったことから、46答申で想定した交通での飛躍的な増大は量、質の両面でありえないことを反映したものであった。そこに第 6 号答申ならではの独自で新しい指摘があったのかと問えば、必ずしも肯定的なものは見い出しにくいというのが筆者の解釈である。運輸省の政策の最高の諮問機関として設立された運政審での最初のものが46答申であったことから、そこではとりわけ従来の交通政策に比べて画期的なものが期待され、これに応えるべく審議された事情を勘案すれば、10年ぶりとはいえ第 6 号答申では多分に46答申の後追い、更新といった状況を余儀なくされ、独自性の余地

は相対的に限られていたためであろうというのが筆者の推測である。ただし、識者の見方は必ずしもそうとは限らない。この点で第6号答申の運輸省事務局トップの考え方を収録した前記脚注5での『80年代の交通政策のあり方を探る』のp.393〜470が興味深いものである。企画部会については棚橋泰官房審議官、将来の交通需要の展望とエネルギー問題、幹線旅客交通部会については吉田耕三（前）官房政策計画官、地域旅客交通部会については土坂泰敏（前）大臣官房地域計画課長、物的流通部会については和田義文（前）官房計画官が講演として語った記録である。ここでは運政審としての考え方が集約されている企画部会についての棚橋講演に注目することとしたい。

　棚橋氏は直接的には46答申での過大な需要予測を見直すべきことから、経済社会の変化に対応して第6号答申の必要性を説明している。諮問する側の立場からすれば当然のことであろう。しかし、ここでも棚橋氏は総合交通体系、総合交通政策の定義を示している訳ではなく、「総合的な交通政策は各種交通機関の分担関係が主たる対象」と述べているだけである。

　棚橋見解として、第6号答申の特徴は

①　効率性、重点化を考え方の基礎
②　政策介入の強化、充実
③　ソフト面の非常な重視
④　長期的な視点を非常に重視

の4つに纏められている。これらが46答申との比較を示すものと受け止めてもよいのではなかろうか。

　①の効率性、重点化は経済情勢の変化を考えれば当然の要請、したがって問題とすべきものではないが、②には異論もあり得る。棚橋氏は

46答申を市場原理重視型と位置付けているが、本書第 5 章5-1で紹介したように、46答申は政策介入型との見方も寄せられている。後者の視点からすれば、②は46答申の一層の強化ともいえよう。その意味ではこの考え方は46答申の更新といってもよいのかもしれない。③のソフト面の重視は、同答申を「総合的交通政策（傍点は筆者）」とする由縁とも解釈される（本書第 1 章1-1参照）が、ソフト対策は46答申でも触れられていることから、ハード面からソフト面にウェイト移すべきものと解釈される。④の長期的視点は46答申でも同様なものであったが、80年代は当面非常に厳しい時代が予想されることへの背景をより強調したことからのものであろう。

　棚橋講演では上記 4 つの特徴を述べた上で、第 6 号答申の解説が続いている。ここでは立ち入らないが、吉田・土坂・和田講演の主旨をも勘案すれば、前項(2)で触れた『ていくおふ』誌特集号が「総合交通体系再論」と銘打ったことに筆者は頷けるものである。

7-2　第11号答申『21世紀に向けての90年代の交通政策の基本的課題への対応について』

(1)　総合交通体系論からの脱却か─第11号答申の特徴─

　第 6 号答申が80年代の交通政策のあり方を探った10年後に、90年代の交通政策を論じた第11号答申[7]は従来とは少なからざる面で趣を大きく変えたものである。総合部会（朝田静夫部会長）、地域交通部会（杉

（ 7 ）　第11号答申は参考資料も含めて運輸経済研究センターより
　　　運輸省編『運輸政策審議会答申─21世紀に向けての90年代の交通政策の基本的課題への対応について』
　　として、答申類が出された後の1991年 7 月15日に公刊されている。

浦喬也部会長）、物流部会（宇野政雄部会長）、国際部会（谷川久部会長）
の４部会の下に12の小委員会が設置され、答申自体も第１号、第６号
のような一本化したものではなかった。諮問は平成元（1989）年11月27
日に運政審斎藤英四朗会長に「1990年代を迎えて、わが国の経済社会
は、国民生活・国民意識の高度化・多様化、高齢化の進展、地域構造・
産業構造の変化、科学技術の進歩等大きな変革の過程にある。また、わ
が国経済の発展に伴って、経済、文化、日常生活の面で、広範な形での
わが国の国際化が進展している。

　交通運輸は、経済社会の発展や、国民生活の質的向上に大きな役割を
果たしてきているが、上述のような経済社会の変化に対応して、21世紀
に向けて人と物の円滑なモビリティーの確保を目指すとき、幹線旅客交
通分野、地域旅客交通分野、物流分野、国際交通分野等いずれの分野に
おいても、解決を迫られている数多くの課題が山積している状況にある。

　このため、これらの課題について、21世紀を展望した90年代の交通政
策の対応の方向を確立する必要がある。」との理由からであるが、答申
は平成２（1990）年12月４日から平成３（1991）年６月３日の間に個別
に行われた。これらを総称して第11号答申としているが、平成３（1991）
年は仮に昭和での元号に換算すると66年に相当することから、関係者は
第11号答申を66答申とも呼称した。46、56、66という流れである。し
かし、66答申なる第11号では諮問文、諮問理由に「総合交通体系」は
もとより「総合的な交通政策（体系）」という言葉は使われていない。
それにもかかわらず、総合交通体系論関連の本書本章で第11号答申を
扱うのは、国際を含めた陸海空すべての交通機関を対象にしたものであ
るということに他ならない。筆者は第11号答申を総合交通体系論の方
向転換のものと捉えているということからここで紹介すべきだと考えた
次第である。ただし、後述（7-3）のように、「総合的な交通政策」なる
言葉は第20号答申で復活（？）しているので、方向転換云々とするには

早計だと反論されるのかもしれない。

　第 6 号答申も第 1 号答申に比べて、答申要旨をも併記するほどの大部（約80ページ弱）であったが、第11号答申は参考資料分を除いて全文が実に487ページに及ぶという、答申類としては異例ともいえるヴォリュームであった。各部会の答申に先立って、総合部会に設置された長期需要予測小委員会（中村英夫小委員長）が平成 2 （1990）年11月20日「長期輸送需要の予測」を報告していたのもこれまでにない形態であった。総合部会には共通課題（藤井彌太郎小委員長）、幹線旅客交通（中村英夫小委員長）、外航客船（谷川久小委員長）の 3 つの小委員会が設置され、これらすべての答申は平成 3 （1991）年 6 月30日に行われた。地域交通部会には大都市鉄道（岡野行秀小委員長）、地域公共輸送対策（森地茂小委員長）の 2 つの小委員会が設けられ、それらの答申は平成 3 （1991）年 5 月27日になされた。物流部会には労働力対策（宇野政雄小委員長）の小委員会の一つだけで、その答申は平成 2 （1990）年12月 4 日であった。国際部会は国際航空（谷川久小委員長）、国際物流（谷川久小委員長）、国際協力（中村英夫小委員長）の 3 つの小委員会で、それらの答申は平成 3 （1991）年 5 月31日であった。さらに、総合部会と国際部会にまたがる国内観光（山本雄二郎小委員長）・国際観光（木村尚三郎小委員長）の小委員会は平成 3 （1991）年 6 月 3 日に答申を行った。

　次項(2)に示すように、これらの答申類は極めて多岐にわたるものを対象としての審議結果である。江藤隆美運輸大臣より諮問を受けた平成元（1989）年11月27日の運政審第14回総会で、各部会の決議を持って答申とするとされたが、答申を一つに纏め上げるのは山積されている課題が多分野にわたりすぎている（ただし、共通課題小委員会答申については次々項(3)で触れる）、したがって総合交通体系論として展開するのは難しいと運政審も判断したものと推測する。このことから、総合交通体系論からの脱却と解釈するのはあまりに独断であろうか。

なお、筆者は一委員として幹線旅客交通と大都市鉄道の2つの小委員会に属していたが、そこでの議論に加わることに精一杯であったことを今なお反省している。第11号答申全体のことに関しては全くといってよい程貢献らしきものはできなかったからである。

(2)　多様な審議対象

　大部の第11号答申を紹介するのは分量的にも優に一冊の書物が必要とされるものであることから、ここでは各小委員会の答申の目次だけを転記するにとどめたい。目次には各小委員会での問題意識とともに何が課題とされ、対応すべき方策は何かの文言が示されているので、多岐多様な審議範囲が把握され得る。具体的な内容に関心を持った方には是非第11号答申に直接当たっていただきたい。

　　［総合部会］
　　　・共通課題小委員会答申『21世紀を展望した90年代の交通政策の基本的方向について』

　　はじめに
　Ⅰ　21世紀に向けての90年代の交通政策の基本的考え方
　Ⅱ　交通に対する国民の期待と利用者ニーズの変化への対応
　　1　大都市集中による弊害の是正と均衡ある国土の形成に関する国民の期待への対応
　　2　社会活動面における時間価値の高まりと活動時間の拡大への対応
　　3　個人生活の充実に対する欲求の高まりへの対応
　　4　利用者の高齢化と心身障害者の社会参加の要請への対応
　　5　国際交通の進展とわが国の国際的地位の高まりへの対応

I　現代における社会的背景と観光が果たすべき役割

　1　観光をめぐる社会的背景

　2　観光が果たすべき役割

II　観光振興の課題と必要な方策

　1　日本人国内観光の振興

　2　外国人訪日旅行の促進

　3　日本人海外旅行の促進

III　具体的な施策のあり方

　1　旅行環境の整備

　2　国内の魅力的な観光地・観光メニューづくり

　3　国内旅行の容易化

　4　良質な観光サービスの提供

　5　海外観光宣伝拡充・強化

　6　外国人訪日旅行の容易化

　7　国際交流機会の拡大

　8　海外旅行の容易化・サービスの向上

　9　海外旅行の質的向上

IV　今後の観光振興の進め方

　1　地域の主体性の発揮

　2　事業者の側の取り組みの強化

　3　国による総合的な環境整備

　4　関係者の役割分担と連携強化

おわりに

［別添］運輸政策審議会総合部会国内観光小委員会（中間とり纏め）

「政府登録制度見直しの基本的方向にいて」

［地域交通部会］

［物流部会］

・労働力対策小委員会答申『物流業における労働力問題への対応
　方策について』

はじめに

　以上、各小委員会での目次形式も必ずしも統一されたものではなく、物流部会関係（労働力対策小委員会）、国際部会関係（国際物流小委員会）では他と異なる表記、構成となっている。この点だけでも各部会、小委員会の独自性が伺え、全体を一つにするという方法は採られなかった。筆者が第11号答申を総合交通体系論からの脱却ではないのかと解釈する由縁の一つでもある。

　なお、ここでは「部会答申」という言葉ではなく「小委員会答申」なる表現としたのは、実質的な審議を重要視したためであることを断っておきたい。

(3)　長期需要予測報告と総合部会共通課題小委員会答申

　第11号答申が第 1 号、第 6 号答申に比べて視点が異なっていること

を筆者なりに示してきたが、その中にあって唯一総合部会共通課題小委員会の答申が従来のものに該当すると位置付けられる。このような解釈から、本項(3)では前提となった長期需要予測小委員会報告「長期輸送需要の予測」と合わせて要点を紹介することにしたい。

　2000年度を目標年次とした輸送需要は、経済社会フレーム、輸送機関の選択要因を設定の上、経済成長率を4％と3％として幅予測として推計された。国内旅客は719〜750億人、13,000〜13,700億人キロ、国内貨物は63.1〜70.5億トン、国際旅客は航空で2,380〜2,850億人、海運で32〜39万人、計3,410〜2,890万人、国際貨物は航空で254〜336万トン、海運で73,600〜82,600億トンであった。国内輸送量は機関別に推計され、人キロベースでは航空、トンキロベースでは航空と鉄道の伸びが特に大きいものであった。国際輸送量は旅客では人ベース、貨物でもトンベースのみで、旅客は日本人出国者、外国人出国者別に航空、海運、合計で2,410〜2,890万人、国際貨物は航空（輸出、輸入、継越、合計）で254〜336万トン、海運（輸出、輸入、継越、合計）で73,600〜82,600万トンと示されている。

　総合部会共通課題小委員会のものは答申名からして『21世紀を展望した90年代の交通政策の基本的方向について』と諮問第11号の文面と同じであった。この点からは第11号答申を象徴するもの、ないしは他の小委員会答申の要点を示したものといってよい。

　答申の構成は前項(2)で示した通りであるが、「Ⅰ　21世紀に向けての90年代の交通政策の基本的考え方」では、利用者の視点への立脚、社会的要請への積極対応、国際的な視野に立った取り組み、トータルシステムとしての発想、効率性と社会的公正の調和の確保、他部門との連携の強化、21世紀への長期的展望に立って早期の対応の7項目が基本的考え方であるとして、この上に立って交通政策を総合的に立案し、実行していくことが肝要であるとしている。ここでだけ「交通政策を総合的に立

案し」（傍点は筆者）との表現がみられるが、それ以上の踏み込みはない。

「Ⅱ　交通に対する国民に期待と利用者ニーズへの対応」は需要面へのものである。6つの項目の中での第1に、大都市集中の弊害の是正と均衡ある国土形成への国民の期待への対応について、前者に関しては鉄道では既存の輸送力増強、新線建設・複々線化、そのための公的助成の充実、道路では環状道路を中心とする整備、既存の道路交通容量の増大、都市構造関連では住宅地の大量供給と一体化した鉄道新線建設が必要であるとされ、地方圏では地方中枢・中核都市、その他の人口増加都市での在来交通の活性化方策と新交通システム・地下鉄道の整備、その他の地方都市、農山漁村では需要の喚起、自助努力、公的助成による公共交通サービスの維持の必要性が説かれている。また、後者に関しては均衡ある国土形成への高速ネットワークの充実、地方空港・港湾の国際化が必要であるとされている。第2に、時間価値の高まりと活動時間の拡大への対応では、高速交通サービスの拡充、深夜輸送サービスの拡充が指摘されている。第3の個人生活の充実に対する欲求の高まりへの対応では、交通サービス全行程での質的向上による交通サービスの質的改善、弾力的な運賃設定によるサービスの多様化が必要であるとする。第4に、利用者の高齢化と心身障害者の社会的要請への対応では、わかりやすい情報提供、交通施設・交通機器の改良と情報案内システムの整備が必要であるとしている。第5の国際交流の進展とわが国の国際的地位の高まりへの対応では、国際航空ネットワークの充実と国際ハブ空港の整備、地方空港の国際化、空港ターミナル、アクセスの改善による国際交通サービスの充実の必要性、日本人旅行者には多様な旅行サービスの提供、外客の訪日旅行には案内所、標識の整備、地方における受入体制の充実、低廉な宿泊施設の提供による国際観光の振興が必要であるとされている。第6の産業構造・貿易構造の変化への対応では、幹線貨物輸送でのトラックから鉄道・海運への転換の推進、トラック輸送の弾力的

な運賃設定による国内物流サービスの効率化、国際航空貨物の増大への対応、港湾での施設整備の促進、物流サービスの国際展開による輸出入構造の変化と企業活動のグローバル化に対応した物流体制の整備が望まれるとしている。

　Ⅱに対して「Ⅲ　交通サービスの供給に当たっての課題への対応」は供給面を扱ったものである。全7項目中第1の交通安全の確保では、交通安全施設の整備、交通管制システムの充実、交通安全機器の改良、運航に携わる人の技術と意識の向上が必要であるとされている。第2の地球環境問題等への対応では実施可能な対策から速やかに実施に移していくことが肝要であるとして、地球温暖化問題に対しては自動車の燃費の改善と大量交通機関の利用促進が、海洋汚染防止には国際的な緊急防除体制の整備促進が説かれている。第3のエネルギー情勢の変化への対応では自動車の燃費の改善、省エネルギー対策、石油代替エネルギー対策が、第4の空間確保の困難性への対応では既存空間や低・未利用空間の有効かつ高度利用、土地確保の容易化のための新たな方策の検討が、第5の労働力確保の困難性への対応では運輸産業の魅力ある職場づくり、高齢者、女子労働力の活用、個別の輸送機関・施設の省力化・効率化とトラックから鉄道・海運への転換の促進が必要であるとされている。第6は情報化の活用であるが、交通部門においても情報化の積極的活用を図ること、対応が遅れがちである中小企業への支援が必要であるとしている。最後に第7として新技術の開発・普及が挙げられているが、これには新技術の開発とその普及のためのハード・ソフト両面での導入環境の整備が必要であると説いている。

　以上眺めてきたとおり、共通課題小委員会答申は基本的考え方を整理した上で、需要面、供給面での対応を論じており、第11号答申での大要を示しているものと位置付けられ得る。そこでは総合部会の他の2つ

の小委員会、地域交通部会、物流部会、国際部会での主要な答申内容が
取り入れられていることが確認される。それでも共通課題小委員会答申
が他の 9 つの答申と並列に置かれているのは、諮問がなされた当時に平
成元（1989）年11月27日の運政審第14回総会で、審議は 4 部会において
行なうこと、政策課題の選定は各部会で行うこと、答申は平成 3 （1991）
年春までに政策課題別に行うこと、各部会の決議をもって答申とするこ
とが定められていたからである。諮問理由でもある「……、解決を迫ら
れている数多くに課題が山積している状況にある。」ことの切実感から
であろう。この点で行政当局はすでに第 1 号、第 6 号答申のスタイル
を踏襲しないとの認識であったものと解釈されるのである。ただし事後
的には、共通課題小委員会答申はその後の第20号諮問・答申への布石
であったと考えられなくもないともいえよう。

7-3　第20号答申『21世紀初頭における総合的な交通政策の基本的方向について～経済社会の変革に呼応したモビリティの革新～』

（1）　運政審としての最後の答申

　省庁再編により平成13（2001）年 1 月に国土交通省が発足することを
間近かに控えた平成11（1999）年 5 月20日、運政審今井敬会長[8]に諮問
第20号「21世紀初頭における総合的な交通政策の基本方向について～
経済社会の変革に呼応したモビリティの革新～」が行われた。諮問理由
は、経済社会の大きな変革期にあることに加えて、今後、環境問題、都
市化・過疎化の深刻化、情報技術の飛躍的進展等も見込まれていること

（8）　今井会長は平成11（1999）年 5 月20日の運政審第22回総会で選出され、それ
　　　までは中村英夫会長代理が会長職務を代行していた。

から、従来にも増して、各輸送モードを横断した総合的な対応が求められ、長期的な展望に立った21世紀初頭における総合的な交通政策の基本的方向を確立する必要がある、というものであった。諮問理由で明示的に意識されたのは、前節（7-2）で紹介した第11号答申と、需給調整規制撤廃に伴う環境整備を論じた第16号答申であったが、「総合的な対応」、「総合的な交通政策」という表現が用いられていることから、総合交通体系再論ともいわれた第6号答申も念頭にあったものと推測される。ちなみに、第20号答申での第2章では交通政策の基本目標で第6号答申時に比べ、交通政策に対する要請の急速な変化から、移動の快適性、輸送の効率性、環境との調和の確保や安全性の向上のような交通の質的側面の向上が格段に重視され、交通を受動的に捉えるだけでは不十分であるとの認識が文言上で示されている。第6号答申が対比の対象とされていることから、その関連性が伺えるのである。

　同諮問への審議結果である第20号答申は平成12（2000）年10月19日に行われ、その直後に発足する国土交通省で運政審の機能を引き継ぐものとして設置される交通政策審議会（交政審）が、同答申の実施状況のフォローアップを行うことを期待するとされていることからも、第20号答申は運政審自体としては最後の答申となった。最後という意味では第1号の46答申も可能な限り継承したいとの意図があったのであろうとも憶測される。

　諮問時の平成11（1999）年5月の運政審第22回総会で、審議体制としては総合部会（杉山武彦部会長）の下に企画小委員会（杉山武彦小委員長）、環境小委員会（石弘之小委員長）、物流小委員会（中田信哉小委員長）、長期需要予測小委員会（森地茂小委員長）が設置され、総合部会決議を審議会決議とすると決定された。諮問時の運政審は委員44名、特別委員30名の大組織であったが、第11号答申（委員38名、特別委員28名）のような12の小委員会による答申の形式と比べ、答申自体は一本で出

されるという点では第1号、第6号の答申のスタイルを踏襲するもの
であった。

　本章の脚注1で示したように、第16号答申以後は交通機関横断的、
地域横断的なものではなかったことから、第20号答申は運政審として
は締めくくりの意味を込めた総合交通体系論と位置付けられるとの解釈
もありうるといえよう。

　なお研究者の中には、第20号答申とほぼ期を一にした欧米の政策動
向に関心を寄せる人もあり、特に英国の1998年版交通白書として発表
された

　A New Deal for Transport: Better for Everyone, 1999.7[9]

と、米国の1998〜2003会計年度用としての

　TEA 21: Transportation Equity Act for the 21st Century[10]

には運政審の少なからざるメンバーも注目していたことを付記しておき
たい。

（9）　英国の政府白書は
　　　　運輸省運輸政策局監修『英国における新交通政策』（1991.6、運輸政策研究
　　　　機構）
　　　として和訳が刊行されている。なお、この交通白書には批判も寄せられ
　　　　Iain Docherty and John Shaw ed: A New Deal for Transport?
　　　　―The UK' struggle with the sustainable agenda（2003, Blackwell Publishing
　　　　Ltd）
　　　は政策論の多様さの面からも興味深い内容である。
（10）　TEA21に関しては
　　　　平嶋隆司『TEA21の概略およびTEA21の個別事業選定に当たっての意思決
　　　　定プロセス』（2000.6　運輸政策研究機構　国際問題研究所）
　　　において、その概要はもとより関連事項についての詳細な解説が行われている。

(2)　わが国交通システムに迫られる転換とそれへの対応

　21世紀直前に出された第20号答申は

　序

　第1章　転換を迫られるわが国の交通システム

　　(1)　戦後の経済社会の姿

　　(2)　戦後の交通システムの形成

　　(3)　21世紀に向けて変貌しつつある経済社会

　　(4)　経済社会の変化を受けて転換を迫られる交通システム

　第2章　21世紀初頭の交通政策の考え方

　　(1)　交通政策の基本目標

　　(2)　分野別交通政策の考え方

　第3章　重点課題に関する考え方

　　(1)　「安心の自動車社会」の創造

　　(2)　環境との調和と安全の確保

　　(3)　ITの活用による交通システムの高度化

　　(4)　交通インフラの整備と活用

　結び

で構成されている。

　交通分野に限らず、一般的に世紀の変わり目には過ぎし世紀の回顧に基づき来るべき世紀への展望が試みられることが多いが、本答申の基本的スタンスも同様である。このような流れの中で、答申の第1〜2章を本項(2)で、第3章を次項(3)で追跡することにする。

　「序」でも「21世紀初頭における総合的な交通の基本方向を指し示そうとしたい」と述べられていることから、根底には第6号答申の21世紀版の新規作成という意識が少なくないものと解釈される。「第1章　転

換を迫られるわが国の交通システム」では、20世紀の過半を占める戦後の経済社会を「東洋の奇跡」と呼ばれる驚異的な経済成長を成し遂げたものとし、そこでの交通システムの形成が①各交通機関の輸送力増強、②自立採算を原則とした効率的な輸送システムの実現、③利便性に優れる自動車交通、高速性に優れる航空輸送の急速な拡大、④自家用乗用車、トラックの高い普及、⑤国際輸送需要の急速な拡大に対応する国際港湾、国際空港の整備、⑥全国展開された鉄道、港湾、空港の整備による交通ネットワークの概成、という形で行われてきたとしているが、その一方で⑦として交通全体を総合的な体系として捉え、それに内在する問題を構造的に解決していこうという政策は不十分であったと締めくくっている。⑦が第20号答申で重点的に取り組むべき課題であると捉えられよう。21世紀に向けて、特に1990年代に入って顕在化したグローバリゼーションの進展、少子高齢化の進展、IT革命の顕在化、また環境問題の顕在化、安全に対する意識の高まり等が変貌要因であり、これを受けて交通システムは①輸送需要の伸びの鈍化と交通に対するニーズの高まり、②需給調整規制の廃止に伴う競争環境の出現、③環境問題の深刻化、④IT革命、⑤グローバリゼーションの進展、⑥安全への脅威、⑦快適な生活環境の回復、⑧地域の独立と連携への要請、⑨労働力問題等に根本的な転換が迫られていると纏めている。

　これらの整理を受けて、「第 2 章　21世紀初頭の交通政策の基本的考え方」では、基本目標として本節前項(1)で触れた第 6 号答申での「交通政策の究極の目標は、人と物との円滑なモビリティを確保して経済の発展と国民生活の向上に資することである。」をベースにしつつも、交通の質的側面の向上、交通の改善へのダイナミックな捉え方の重要性を勘案し、交通政策の新しい基本目標としてて「経済社会の変革に呼応した新しいモビリティの革新」としている。この文言は答申のサブタイトルにも用いられていることからも、運政審として強調したい点であると

されよう。その上で、分野別交通政策の考え方が示されるが、これは第11号答申でのスタイルを受けてのものと把握される。①都市圏の交通、②地方圏の交通、③地域間旅客交通、④国際旅客交通、⑤物流、の5分野について述べられている。

　①大都市圏の交通では鉄道、バス、タクシー、自家用乗用車、トラックについて論じられ、鉄道に関しては今なお残る著しい混雑路線の整備の促進、シームレス施策での交通機関相互間の乗継利便性の向上が必要であり、バスでは走行速度、定時性の向上には自家用乗用車との関係で利便性の大幅な改善の必要性を説き、タクシーでは事業者の創意工夫により利用者へのきめ細かな多様なサービスを期待している。利用が拡大している自家用乗用車、都市内物流のほとんどを担っているトラックには、空間の絶対的制約からの都市圏における位置付けが課題であり、その選択には地域における合意形成を促す仕組みの構築が求められるとしている。

　②地方圏の交通に関しては、公共交通の維持・整備には交通事業者の経営努力特に、地方公共団体の所要の支援の実施、利便性に優れる自家用乗用車の役割は引き続き高まるとした上で、自家用乗用車を利用できない者のモビリティ（生活交通）の確保には地域の行政の主体的判断で路線バスの維持、乗合タクシーの活用、スクールバス・福祉バス等の多面的活用といった輸送形態の中から適切なものが選択されることが必要であるとされている。観光地等の交通問題には観光需要の平準化の促進と地域の実情に応じた交通の円滑化のための対策が、離島と本土との生活交通はナショナル・ミニマムの確保の観点からの航路維持が必要であるとしている。

　③の地域間交通については、鉄道では整備新幹線の整備、フリーゲージトレイン（軌間可変電車）の開発・導入等も含め、幹線鉄道ネットワークの高度化の推進が必要であり、航空では拠点空港の空港容量の確保が

必要、特に首都圏の空港容量の拡大は緊急かつ最重要の課題であること、高速バスでは利便性を向上させることが必要であるとしている。

　④国際旅客交通では航空企業間の連携を通じての多様なサービス提供促進のための環境整備、大都市圏の拠点空港における国際線相互間あるいは国内線と国際線との乗り継ぎの改善、訪日外国人への交通ターミナル等での案内表示等の充実が必要としている。

　⑤物流に関しては、企業間物流、消費者物流での物流諸活動の標準化と情報化・省力化、新技術の開発・実用化、輸出入関連諸制度の物流関連諸制度の見直し、提案型物流事業者の育成等を通じての物流システム全体の高度化を図ることが必要であるとしている。地域内物流では環状道路の整備、物流拠点の適正配置等により都心部の通過交通の排除、ITの活用等によるトラックの積載効率の向上、NOx・PM等にかかわるトラックの単体対策の推進、一貫パレチゼーションの推進等のソフト施策も併せて講じることが必要としている。地域間物流ではモーダルシフトの戦略的推進、国際物流ではグローバル・ロジスティクス・システムの構築に対応した全体としてのリードタイムの短縮、定時性の確保、低コスト化の実現が必要であるとしている。

　総じて、第11号答申時よりは社会的に情報技術の革新・普及が進んだことから、第20号答申の分野別検討でもこれらを交通の面で積極的に活用すべきとの論調となっている。陸のITS、海のITS、空のITSといったこれまでに用いられてこなかった言葉も散見される。自立採算が望みえない事業以外では、交通事業者がこれをどのように判断し、どのように実施していくのかが問われるという点では、これまでの答申類のように指針を示したものであるといってよい。

(3)　重要課題への提言

　第20号答申の大きな特徴といえるのは、重要課題に関して「提言」と

いう形をとっていることである。提言は

(1) 「安心の自動車社会」の創造
(2) 環境との調和と安全の確保
(3) ITの活用による交通システムの高度化
(4) 交通インフラの整備と活用

別に行われているが、このうち(2)は第11号答申共通課題小委員会答申
のⅢ-1交通安全の確保、Ⅲ-2地球環境問題等への対応、(3)はⅢ-6情報化
の活用での主張をより具体化したものと位置付けられる。

(1)では①社会の構成員相互に了解される「公」の概念が不可欠である
とした上で、都市と交通の改造、②自動車交通のグリーン化、③自動車
交通の安全性の向上、④自動車交通サービスの多様化、⑤観光地の交通
の円滑化の各々について、理由を付して提言が試みられている。以下、
答申本文の表現の一部簡略化、筆者の個人的な雑感も含めて原文を示す
こととしたい。

①は自動車に過度に依存しない都市と交通の実現のために
「地方公共団体は、地域における合意形成や関係機関との調整を図
りつつ、各地域の実情に応じて、都市機能の適正配置、公共交通や
徒歩・自転車利用への転換、自動車の利用調整等の施策を組み合わ
せた「都市と交通の改造」に関する計画を策定し、その推進を図
る。国は、このような地方公共団体の取り組みに関する指針を示す
とともに、制度、技術の面から多面的な支援を行う。」
と、地方公共団体に期待を寄せている。

②の自動車交通のグリーン化は
「以下のような政策パッケージである「自動車税制のグリーン化」
を総合的に実施する。

　　・環境自動車の開発・促進と「自動車税制のグリーン化」による促進

　　・都市交通システムの効率化

　　・道路交通渋滞対策の推進

　　・NOx、PM対策の強化

　　・「自動車燃料のグリーン化」

　　・特殊自動車、産業機械、農耕機械の排出ガス規制導入　等」

であるが、ここでも総合的に実施する（傍点は筆者）とはどのようなものなのかは示されていない。パッケージを構成する諸項目すべてを対象に実現可能性を探り、そのバランスを検討すべきとの意味であろう。

　③の自動車交通の安全性の向上では

　　「自動車交通の安全性の向上を図るため、

　　・事故情報や危険情報の官民による収集・分析・活用の充実と自動車交通安全対策サイクルの好循環の推進

　　・先進安全自動車（ASV）等での技術開発の促進

　　・事故時の弱者側の被害を軽減するため車両構造の改善の推進

　　・自動車アセスメント制度の試験・評価方法と評価事項の充実

　　・幅が広く障害物の少ない歩道、自転車道の整備

　　・事業用自動車にかかわる運行管理制度の強化

　　・重度後遺障害者やその家族に対する救済対策の充実等の社会的に必要な対策の推進　等

　　の対策を推進する。」

と提言されている。

　④自動車交通サービスの多様化では、大量輸送機関を利用し難い分野において、需要にきめ細かく対応できる新しい自動車交通サービスの展開を図る必要があることからの提言として

　　「スペシャル・トランスポート・サービス（STS）に関し、交通政策と福祉政策との連携のあり方や国と地方公共団体等との役割分担

を整理し、それぞれの役割に応じて、福祉タクシー等による同サー
　　ビスの発達のための環境整備を図る。
　　　この一環として車両の仕様の標準化による車両価格の低減やITの
　　活用による運行効率の向上等を図る。」
ことが掲げられている。この分野では福祉政策との連携の必要性を論じ
ているが、遅ればせながらの感はあっても注目されるものといえよう。
　⑤観光地の交通の円滑化では
　　「主要な観光地におけるマイカーの利用状況等を調査し、マイカー
　　の集中的な乗り入れにより交通問題が発生している観光地に関し
　　て、地方公共団体、環境関連団体、警察等との間で地域の実情に応
　　じた適切な交通規制を含むTDM施策について協議する仕組みを構
　　築する。」
と提言されている。実際に仕組み作りが進むことが期待されるのである。
　(2)では、様々な方策をその特性を活かして組み合わせるポリシー・
ミックスによる①環境問題への対応と循環型社会の構築と②交通安全の
確保について提言が試みられている。①は前述(1)の②での「自動車交通
のグリーン化」政策とともに、
　　「環境問題に対応するため、
　　・スーパー・エコシップの技術開発・実用化、海上ハイウェイネッ
　　　トワークや海のITSの構築等を通じた「海上輸送の新生」
　　・大規模な油流出事故による海洋汚染防止のための大型油回収船等
　　　の防除資機材の整備、国際協調による事故防止体制の強化
　　・地球環境観測体制の強化
　　・船舶からの排出ガス対策、航空機および新幹線の騒音対策
　　の政策を推進する。」
との提言であり、②は前述(1)の③での「自動車の安全性の向上」対策と
ともに

「交通安全の確保」を図るため

　・安全対策サイクルの好循環化を図るとともに防犯対策を進める、

　・事故防止性能の強化や次世代航空保安システム（FANS、Future Air Navigation System）等による交通管制能力の向上を図る、

　・事故原因の多角的な調査・分析のための体制の強化を図る、

政策を推進する。」

とのものである。現状（当時）での大きな課題、次世代への対応が念頭に置かれたものである。

　(3)では、交通の直面する諸問題の解決に大きな鍵となる可能性を有するITに積極的に取り組むべきとする①ITの活用、3e（efficient、environment-friendly、electronic）物流をキーワードに②物流システムの高度化への2つの提言がなされている。①は

　　「ITを活用した電子政府の実現等、陸上交通の高度化：陸のITS、海上交通の高度化：海のITS、航空輸送の高度化：空のITS、の政策を実現する。」

ものであり、②は

　　「①「ITSの活用」に掲げられた政策に加え、物流システムの高度化を図るため

　　・物流情報プラットホームの構築の促進

　　・物流関連情報に関する各種データベースの構築の推進

　　・各種の標準化活動に対する支援

　　・ガイドラインの策定等による契約の合理化・明確化の促進

　　・3PL事業に関する業務モデルの明確化、モデル契約書の作成、荷主・物流事業者間のリスク負担等についての検討

　　・荷主企業向けの物流コスト算定基準の策定

　　・物流効率化の視点に立った建築物の設計思想の普及　　等

　の政策を推進する。」

というものである。進展しているIT革命を反映すべきとの提言であり、答申当時としては時代感覚に適応したものといえよう。

　交通インフラの整備と活用を謳った(4)は、交通インフラの特性、経年化に伴う維持管理費用の大幅な増加見通し、高齢化や環境問題等への対応の投資等から課題となっていることへの４つの提言を行ったものである。①戦略的重点投資では

> 「国際化対応型インフラ、環境・安全型インフラ、生活基盤型インフラの３つの類型のインフラについて戦略的重点投資を進めていく。
>
> 　全ての交通機関を統合した各地域の交通水準に関する客観的かつ総合的な指標を開発し、活用を図る。また、費用対効果分析を基本とする事業評価に関し、全ての分野において整合的な実施を図る。
>
> 　さらに、事業の特性に応じ、適当なものについては、財政支出の節減にも資するPFI手法の活用を図る。」

とのもので、中段の提言はこれまでのいわゆる総合交通体系論の流れをくむものと位置付けられる。ただし、そのこと自体改めて（傍点は筆者）問うべきかについては懸念がない訳ではない。従来から提唱されてきたことが十分実行されていないことからのものであると理解すべきであろう。

　②新しい整備方式の検討では

> 「鉄道については、既存の支援制度の見直し等では対応が困難な場合には、「上下分離方式」を有効な整備方式として検討すべきである。
>
> 　また、港湾、空港については、今後、大都市圏の基幹インフラに当たっては、経営体方式の適否や、新しい方式の敷衍、機能的に代替・補完し得る複数の拠点インフラの広域的・一元的運営といった方式も視野に入れて多角的に検討する。」

とされたが、後段に関しては様々な見解が寄せられ得るものである。

　③既存施設の有効活用と効率的な維持・管理では特段の提言は示されていないが、④交通インフラの連携では

　　「各種交通インフラの整備計画を横断的に取り纏めた広域計画を策
　　定することにより、近接する複数の交通インフラについて、事業の
　　形成段階から相互の連携を図る。これに併せ、このような交通イン
　　フラを活用して提供される交通サービスの頻度の増加や連続性の向
　　上等のためのソフト面の施策を有機的に組み合わせ、交通インフラ
　　の整備効果の最大化を図る。」

という提言で、⑤交通インフラ整備事業の効率化・透明化では

　　「交通インフラ整備事業の効率化・透明化を図るため

　　・公共事業の効率的・効果的な実施のため、費用対効果分析を基本
　　　とする事業評価に関し、全ての分野において整合的な実施を図
　　　る、

　　・事業実施過程での情報を公開し、更にパブリック・インボルブメ
　　　ント（PI）手法の導入により住民参加を促進する、

　　・公共事業の計画から供用までの全ての段階において、事業の遅延
　　　による機会損失や時間短縮による社会的便益を勘案した時間管理
　　　概念を導入し、適切な予算の管理・執行体制の下で事業の推進を
　　　図る、政策を推進する。」

と提言されている。そこでの時間価値概念の導入こそ重要であるが、費用対効果分析の実施、PI の導入はこれまでの提唱の確認ともいえるものである。

　以上、提言をフォローしてきた。提言そのものに若干の補足的雑感を付してきたが、筆者が特別委員として環境小委員会に属していたことからすれば、いささか無責任の誹りは免れない。企画小委員会での議論を

十分消化してこなかったためであるが、第1号答申前後での専門委員も含めてたたかわされていたと思われる活発な議論に思いを馳せた場合、その機会を模索しなかったことへの怠慢は許されるものではなかろう。

　先に記したように、運政審としての最後の答申の実施状況に関するフォローアップは交通政策審議会に委ねられることとなった。交通政策審議会、その後の社会資本整備審議会の動向については、筆者もそこでの関係者に委ねることとしたい。

総合物流施策大綱

これまで運政審46答申を軸に総合交通体系論の展開を辿ってきた。運政審時代での経緯を振り返って、筆者の理解では理想形としての総合交通体系は見い出せず、総合的な交通体系論となっていったものと解釈される（傍点は筆者、以下同様）。そのような状況下で20世紀も終わろうとしていた平成9（1997）年4月4日に総合物流施策大綱が閣議決定された。大綱の名称が総合的ではなく総合であることから、運政審答申、とりわけ46答申との関連でこれを取り上げるべきだと考えたが、一連の総合物流施策大綱を改めて検討した結果、これを運政審答申の延長上に位置付けるのはいささか無理がある、かといって総合とあるからにはこれをスルーする訳にもいかないとも判断して、本書では第8章ではなく補章とした次第である。

なお補章では、筆者も参加している日本交通政策研究会の「交通分野におけるロジスティクスの役割と範囲」（苫瀬博仁主査）での筆者分担の報告原稿（輸配送と関連分野）の主要部分の再編、加筆修正を施したものが含まれることを断っておきたい[1]。

1　物流政策（施策）への接近

(1)　交通（研究）と物流（研究）

モノ（貨物）の輸配送はヒト（旅客）の輸送、関連インフラの整備・運用の検討と並んで、交通論の主要な研究対象であったし、このことは今日でも変わるものではない。従来の貨物輸送（輸配送）はモノの場所の移動を伴う輸送機能が中心であったが、単にこれだけにとどめず包

（1）　同報告は日本交通政策研究会『交通分野におけるロジスティクスの役割と範囲』（A839）、『2020年度・2021年度研究成果報告書』（DVD ROM）に収録されている。

装、荷役、保管、情報の諸機能を含めた物流（物的流通）という視点が重要視され、注目されるようになったのは1960年代後半になってからのことであった。そこから物流論の構築が試みられ、さらにロジスティクス論へと発展していった。この経緯からも類推されるように、少なくともわが国では今日のロジスティクス論が貨物輸送論の当初から一気呵成に展開されていた訳ではない[2]。

　物流論、ロジスティクス論より相対的に早い段階から行われていた交通論の研究は経済学、商学の一環として前記の研究対象を総論、各論（海運、陸運、空運）に分けて行うというのが一般的であったが、1980年代になって交通関連分野（工学、法学、地理学、史学、社会学）の研究成果の進歩、成熟、各分野での学際的協力の必要性が叫ばれるようになり、これらを広範に検討する目的で運輸経済研究センター（現　運輸総合研究所）に交通学説史研究会が組織・設置されることとなった。交通論からの学際的研究提唱の手始めともいえるものであった。同研究会は各分野での、当時の研究者をいわば総動員する形でほぼ10年にわたって活動を進め、その成果は4分冊として公刊されている。シンクタンクの調査研究としては異例ともいえる大掛かりな試みであったが、その成果は後進の研究者にとっては極めて貴重な存在となっている。物流はその第1分冊の第2部「交通学説の諸相」第9章「物的流通（物流）」として角本良平教授（当時、同センター理事長）によって執筆された[3]。

（2）　いうまでもなく、兵站術（military logistics）の検討は古くから展開されていたが、ビジネス・ロジスティクスという点での研究は貨物輸送、物流、マーケティング等での研究成果を活用・発展させたものであるため、比較的近年になってのものである。さらに社会的側面をも含めたソーシャル・ロジスティクスが提唱されていることは今日的意義があり、
　　　苦瀬博仁『ソーシャル・ロジスティクス─社会を、創り・育み・支える物流─』（2022年3月　白桃書房）
　　は時宜を得た貴重な研究成果である。
（3）　角本良平「第9章　物的流通（物流）」、『交通学説史の研究　そのⅠ』（1982

角本教授はわが国を代表する交通研究者であって、物流を専門にしていた訳ではなかったが、当時はほとんどが交通研究の中で物流を模索していたという事情から、同研究会でも交通研究者の角本教授がこの任に当たったものと思われる。角本教授は物流の調査・研究の代表的シンクタンクである日通総合研究所（現 NX総合研究所）の当時資料室長を勤めていた松下緑氏と親交が深く、物流関連文献に精通していた松下氏との議論、同氏からの資料上の助言を受けていたことも、同論文執筆の背景にあろう（本書第3章の脚注3参照）。

角本論文の構成は

第1節　概況
(1)　学説史の対象の確定―今日の「物流」の概念
(2)　「物流」の登場・進展の過程
(3)　「物流」分野の確立の努力―定義をめぐる議論の展開
(4)　具体策の確立と現実―know-how研究の定義
(5)　「学説史」成立の可能性
結語
第2節　物流文献についての若干の説明

となっている。角本論文はわが国の研究者が物流論構築を試行している段階での状況を的確に伝えることの役割を果たしている代表的なものである。詳細は原文に譲ることとするが、結論的に角本教授は第1節の結語で「物流でのある論点について見解が鋭く対立するというよりは、ある種の技法がどの程度有効かといった種類の議論が多かった」、「1960年代後半に強調された協同一貫輸送とそのための複合ターミナルについ

年3月、運輸経済研究センター p.349〜390

ては今日答えが得られた」と振り返っている。物流研究の出発点が流通技術への着目であったこと、協同一貫輸送と複合ターミナルは提唱時には一種ブーム的に捉えられたが民間企業の経営戦略との関係に踏み込めていなかったという角本教授の認識での纏めであろう[4]。これを踏まえて物流研究の将来の方向については「物流を個別の大企業の経営の立場に立つのか」、「物流と輸送との関係を明確にするとともに、輸送の大部分が物流論ではおおえないことを認識して貨物輸送を今一度取り上げること」の2点を指摘している。後者では、「輸送を物流に包含される一部門として捉えるのは輸送全体の対策を忘れさせることになる」、「輸送には輸送自体としての改善が望まれるのであり、仮にその結果が物流の改善をもたらしたとしても、それはあくまで輸送の改善と理解すべきである」と記しているのは、交通研究者としての視点が色濃く反映しているものと思われる。今日の物流論、ロジスティクス論の研究者の目には角本見解はどのように映るのであろうか。

　第2節の「物流についての若干の説明」では、単行本による物流論の系譜は1969年以降に始まり、著書の数は「物的流通」なる言葉が用語として定着するようになった1970年から1973年に集中していること、雑誌論文は日本交通学会の『交通学研究年報』、運輸調査局（現 交通経済研究所）の『運輸と経済』、高速道路調査会の『高速道路と自動車』、日通総合研究所（現 NX総合研究所）の『輸送展望』（現在は廃刊）等の雑誌に掲載された主要論文が挙げられている。そこでの著者は数名の人に限定されているが、物流論が経済理論としてよりはむしろ技術論とし

（4）　複合ターミナルに関して、物流の専門家である谷利亨氏は先に紹介した『戦後日本の交通政策』（本書第3章3-1(1)参照）の中で、「この構想はいまだ実現されておらず、おそらく今後も実現することはないと思われる。……各輸送機関の特性が異なっており……複合ターミナル構想となっている各輸送機関の有機的結節点としての考え方は、各輸送機関の有する機能、特性を考慮しなかった発想といえよう。」と綴っている（p.476-477）。

て取り上げられているためであろうとしている。

　角本論文の末尾には1960〜1981年の発表された雑誌論文を中心とする文献がほぼ悉皆的に列挙されている。続いて1958年以降1981年までの著書（単行本、調査報告書、辞書）が網羅されている。これらの論文、著書に名を連ねている執筆者で今日でもこの分野の第一線で活躍しているのは中田信哉、湯浅和夫氏等数名を数えるにすぎず、多くの人はすでに鬼籍に入っている。交通、物流関係のシンクタンクの名称変更といい、執筆者の変遷といい、物流とその研究を取り巻く環境の大きな変化、時の流れを考えれば特段不思議なことではない。

　望むらくは、1982年以降総合物流施策大綱に至るまでのこの種の整理、研究が試みられることである。

(2)　政策レベルでの物流論

　1960年代に入り、流通およびこれを構成する物流の後進性は政府レベルにおいても少なからざる関心事となった。その最初の取り組みは1965年の「中期経済計画」においてであった。同計画で流通は「生産者より消費者に財およびサービスを移転させ、場所・時間および所有の効用を創造する活動」とされ、さらに流通部門は「その活動機能の特徴に従って、商取引きの面と物的流通の面とに大別して考えることが適切である。この二つの機能は、業態としてみればそれぞれ、主として商業、および運輸通信業が担当している。しかし、製造業でも財貨の購入販売、自家輸送など流通活動を行っている。また広告、包装などもその活動からみて流通部門に属すると考えられる。さらに、金融・保険などもその一部が流通部門の活動と密接な関係を持っている。」と説明され、文中で「物的流通」なる言葉が公式に用いられている。

　「中期経済計画」では明示されることのなかった物的流通の定義、範囲は同年5月の行政管理庁の統計審議会の答申「物資流通消費に関する

統計の整備について」で、「"ものの流れ"という場合の"もの"とは有形・無形を問わず一切の経済財を指す」と定義され、その範囲は「有形の諸物資と情報とを考える」と示されている。同定義からは輸送、保管、荷役、包装の4つの機能の含意が、その範囲から情報機能までが意味されていると推測される。統計審議会という性格上、定義を示すのは当然のことであるが、これを受けての問題は上記4プラス1の機能をどのように扱うのかへの示唆が期待されたが、それは今後の検討に委ねられているものと解釈すべきであろう。

　行政レベルでは1965年の『運輸白書』が「近代化の過程にある物的流通」なるサブタイトルを付し、「流通とは生産者から消費者に財貨およびその付帯サービスを物理的、社会的に移転させる活動である」と定義し、その後の運輸白書では、流通部門は物的流通活動と非物的流通活動の二分法が採られた。同年通産省は基礎的な物的流通の実態調査を行い（(財)機械振興会に委託)、その報告書『物的流通の現状と問題点』(1966年5月)で「物的流通とは、製品を物理的に生産者から最終需要者へ移転するのに必要な諸活動、具体的には包装、荷役、輸送、保管、通信等の諸活動をいう。」との定義を示した。「通信」は今日でいう「情報」より狭い意味であるが、通産省の定義は現在の物流の定義とほぼ同義だと解釈される。その後の高度経済成長の中で設備投資・労働力不足、交通事故や産業公害の弊害を踏まえ、1972年の経済企画庁の経済審議会流通経済委員会では新しい視点として個別企業の立場を超えたマクロの立場が強調されることとなった。「1970年代の物的流通問題を検討するに当たっては、国民福祉の向上というマクロの視点に立って、物的流通の効率向上を図ることが前提となる。したがって、「生産―消費」という、局部的な過程において物的流通を捉え、その過程で発生する公害や消費（使用）後に発生する廃棄物等の問題を考慮の外において、物的流通システムの最適化を図るという従来の視点は今や許されず、「生産―流

通―消費―還元」というような広い視野で物的流通問題が考慮されるべきであり、こうした完結する循環過程の中で物的流通の効率化を考えるべきであろう。」とするものである。経済問題を国民経済的視点から扱う経済企画庁の基本姿勢が顕著に示されているもので、物的流通の効率化にも社会的費用（社会的限界費用）を反映して検討すべきだとの主張であると解釈される。

　なお、法律上では都市整備との関連において、1965年に「日本自動車ターミナル株式会社法（日タ法）」、1966年に「流通市街地整備に関する法律（流市法）」が制定されているのも1960年代半ばでの特徴である。

　このような中で物流を本格的に論じようと試みられたものとして指摘されるのは、運輸経済懇談会での検討があるが、これについては本書の第2章2-1で触れてきたので、ここでは繰り返すこととはしない。

(3)　運政審答申での物流審議の位置付け

　いわゆる総合交通体系を論じた各種運政審答申では第1号『総合交通体系に関する答申』の時代から物的流通は大きな関心事であった。第1号では運政審答申に先立って運輸経済懇談会（運懇）で物的流通専門委員会が設けられ、同専門委員会は第1次から第3次の中間報告を行った。第1号答申時での運政審は総合部会、物的流通部会、都市交通部会、開発部会の4部会体制であり、各部会での検討成果は46答申に反映された。ただし、答申自体での柱（章構成）には物的流通としての項目は設定されていない。

　第6号答申『長期展望に基づく総合的な交通政策の基本方向―試練の中に明日への布石を―』は企画部会、地域交通部会、物流部会、国際部会の4部会で行われ、答申では第2部第5章に「物流政策のあり方」として論じられている。ここでは、第1号答申時での物的流通部会は物流部会と命名され、今日の用語となっている。

　第 1 号、第 6 号とはいささか様相を異にする第11号答申『21世紀に向けての90年代の基本的課題について』では総合部会、地域交通部会、物流部会、国際部会の 4 部会での審議体制が採られたが、4 部会の下に12の小委員会が設置され、答申は部会別（それを構成する小委員会別）で行われ、一本の答申ではなかった。物流部会に属する小委員会は労働力対策小委員会のみで、その答申は『物流業における労働力問題への対応策について』と題するものであった。

　運政審としては最後のものとなった第20号答申『21世紀初頭における総合的な交通政策の基本的方向について〜経済社会の変革に呼応したモビリティの革新〜』では、総合部会の下に企画小委員会、環境小委員会、物流小委員会、長期需要予測小委員会が設置され、総合部会決議を審議会決議とするとの決定がなされていた。答申自体の章構成、節構成には物流の柱は設定されておらず、第 1 号答申でのスタイルが踏襲される形となった。

　なお、すでに本書の第 7 章7-1(1)で断っておいたように、第16号答申『交通運輸における需給調整規制廃止に向けて必要となる環境整備方策について』に関しては、総合交通体系論というよりは規制緩和政策論の中で別途扱われるべきだとして、本書での対象外とした。そこでは 5 つの常設の部会の一つとして物流部会があり、審議そのものは新たに設置されたモード別の 4 部会（鉄道部会、自動車交通部会、海上交通部会、航空部会）での答申が行われたことを付記しておきたい。

　このように運政審では当初から最終の答申に至るまで、物的流通、物流は交通政策の中で主要な位置付けであったことが確認される。このことが後年の総合物流施策大綱への流れのいわば源であったとしても、政策論としては不思議ではないともいえよう。

2　第1次総合物流施策大綱

(1)　運政審答申と総合物流施策大綱

　総合物流施策大綱は官民の物流活動のあり方に正面から取り組んだものであり、そこではまさに物流そのものが主役とされている。これに対し前節の(3)で確認したとおり、運政審答申では物流はその一部を構成したものであり、両者における物流のウェイトには大きな差がある。しかし、両者が国土交通省（運輸省）関連のものであることからも、全く独立のものであるのかについては留意が必要であろう。

　総合物流施策大綱が閣議決定（平成9（1997）年4月4日）された直後の運政審第20回総会で「需給調整規制廃止に向けて必要となる環境整備方策に向けて」の諮問が行われた（同年4月9日）。その答申は第16号として出されることになったものである。第20回総会の前年の第19回総会（平成8（1996）年9月27日）では、運政審常設の物流部会の活動報告として「物流拠点の整備のあり方」の最終とり纏めが示された。物流拠点の6類型、物流拠点の整備方策、地域社会に受け入れられやすい物流拠点の整備の必要性、物流拠点における情報化・自動化の推進の必要性を内容とするものであった。

　これまで眺めてきたとおり、運政審での物流政策への関心は強く、審議も活発に行われたが、これをいわゆる総合物流政策にもっていこうとする流れ、必然性は筆者には確認し難い。ちなみに第7章の脚注1でも示したように、第16号答申以降は『低燃費自動車の一層の普及促進策について』（第17号）、『東京圏における高速鉄道を中心とする交通網整備について』（第18号）、『中長期的な鉄道整備の基本方針および鉄道整備の円滑化方策について』（第19号）と答申のタイトル自体にも「総合」ないし「総合的」といった文字は付されていない。これらの各答申

が審議の対象とした内容からも頷けるものである。筆者の憶測では、総合物流施策大綱とした伏線には第20号答申『21世紀初頭における総合的な交通政策の基本的方向について〜経済社会の変革に呼応したモビリティの革新〜』があったのではなかろうか。第20号答申は平成12（2000）年10月19日に出されたので、時期的には総合物流施策大綱の数年後のものである。とはいえ、第20号答申は平成11（1999）年5月20日の諮問に応じたものであり、諮問の根底には平成3（1991）年7月の第11号答申『21世紀に向けての90年代の交通政策の基本的課題への対応について』から約8年が経過し、新たな交通政策の方向を確立する必要性に迫られたもという事情があった[5]。その必要性は、諮問当局では第11号答申以降から新規対応への必要性を含めて継続して認識されていた筈であり、第20号諮問時に白紙から説かれたものとは考えにくい。第20号答申で「総合的な交通政策」という言葉そのものも復活（？）しているという経緯（第7章7-3参照）からも、国土交通省等の交通、物流担当者の間で「総合物流施策大綱」という話題になった可能性は高いものと思われる。蛇足ながら、筆者は第20号答申では末席に連なっていたが、大綱の委員会には全く関係してこなかったので、大綱と運政審との関連性については推測の域を出ていないことを断っておきたい。

(2)　第1次大綱の概要

　平成9（1997）年4月4日に閣議決定された第1次大綱は

　　第1　基本的考え方
　　　(1)　はじめに
　　　(2)　目標と視点

（5）　この事情は運政審第22回総会および第19回総合部会（平成11（1999）年5月20日）の資料で、運輸政策局提出の文書の諮問（案）での趣旨に記されている。

第 2 横断的な課題への対応

(1) 社会資本等の整備

(2) 規制緩和の推進

(3) 物流システムの高度化

第 3 分野別の課題への対応

(1) 都市内物流

(2) 地域間物流

(3) 国際物流

第 4 今後の施策実施体制

(1) 関係省庁の連携

(2) 地域毎の連携

(3) 大綱のフォローアップと改定

（参考）総合物流施策大綱にかかわる努力目標について

の 4 本柱で構成されている。何を意図して「総合大綱」とするのかは明示されていないが、「横断的な課題」、「関連省庁の連携」といった表現での内容に「総合」の意味を込めたものと推測される。

「第 1 基本的考え方」の「(1)はじめに」では、物流は転換期を迎えており、そのためには関係省庁の物流全体に関する問題意識と目標の共有が重要、物流に関する総合的な取り組み強化は喫急の課題であることから、関係省庁が連携して物流施策の総合的な推進を図るための本大綱の策定となったとされている。「(2)目標と視点」では、平成13（2001）年を目途に①利便性が高く、魅力的な物流サービスの提供、②産業立地競争力の阻害要因とならない水準のコストでの物流サービスの提供、③物流にかかわるエネルギー問題、環境問題、交通の安全等に対応の 3 点を実現することが目標として掲げられ、そのためには政府は①相互連携による総合的な取り組み、②多様化するニーズに対応した選択肢の拡

大、③競争促進による市場の活性化の3つの視点に基づいて施策を講じるとしている。民間の物流活動をスムーズにさせるための環境整備を政府が総合的に行うことに総合体系の意味を込めたものであろう。なお傍点は筆者だが、具体的にどのように行うことが総合的になるのかは汲み取ることが出来なかった。

「第2　横断的な課題への対応」は次項の「第3」での柱とされている都市内物流、地域間物流、国際物流の各分野に共通する横断的な課題として、社会資本の整備、規制緩和の推進、物流システムの高度化の3つを挙げ、各々にその取り組みを示している。社会資本の整備では受益者負担を基本として、（社会資本整備のあり方）[6]をノードとリンクの相互連携、交通ボトルネックの解消、国際ハブ港湾・空港の整備の3分野への重点化、（社会資本の効率的利用）には各省庁、地方公共団体の一層の連携、（民間による社会資本の整備）には施設・整備に一層の支援等の環境整備の検討、（物流拠点の整備）では経済面・環境面からの総合的な検討、地域での理解促進を説いている。

　規制緩和の推進では、（規制緩和のあり方）は政府の関与をできる限り縮小、事業者間の競争促進を基本、3〜5年後を目標期限とする需給調整の廃止、（安全規制のあり方）は国際的に調和のとれた安全規制の実施とされている。

　物流システムの高度化では、（情報化の推進）は情報化による便益の広範な享受が基本、ペーパーレス化、ワンストップサービス実現への取り組み、（標準化）についてコンテナについては平成12（2000）年度まで、パレット化は平成10（1998）年度までの工業標準の見直し、（新技術の開発と利用）はGPSの活用推進による物流システムの安全性と信頼性の向上、（商慣行の改善）は価格メカニズムの有効機能への環境整備、情報

（6）　文中での（　）書き（複数個所）は大綱での表記方法に従ってのものであり、続く具体的事項を集約した表現である。

化、標準化などを通じた物流システムの構築の必要性が示されている。

　総じて、「第2」では"総合"のポイントを分野横断的に検討することに置かれており、そこでの検討事項、留意事項がほぼ網羅的に盛り込まれているが、この種の政府文書にみられがちな傾向として、主語としての整備主体、推進主体は誰なのかは読者の判断に委ねられている。

　「第3　分野別の課題への対応」は総合的な物流施策の推進には輸送モード単位だけでなく、分野別（都市内物流、都市間物流、国際物流）での課題の観点からの取り組みが重要であることを指摘している。都市内物流では、（道路交通の円滑化）についてハード面ではバイパス、環状道路の整備、交通管制センターの高度化、ソフト面ではTDM施策に関する地域毎の取り組みの拡大、行政面では関係省庁の連携、（自営転換）ではトラック輸送の自家用から営業用への転換、（物流施設の整備等）では流通業務市街地の整備促進、機能の強化、集配拠点の整備、物流機能を活かす物流施設の立地、（鉄道貨物および河川舟運の活用）に関しては鉄道貨物輸送による廃棄物輸送、国際物流の端末輸送、河川舟運の再構築等の検討とされている。

　地域間物流では、（内航海運輸送の促進）についてハード面として船舶の大型化、荷役機器の近代化、全天候バースの整備、ソフト面として情報化、配船の共同化の促進、行政面として船腹調整事業の計画的解消、（鉄道貨物輸送の促進）では主要幹線鉄道の貨物輸送力の増強、鉄道貨物ターミナルのアクセス道路の整備、複合一貫輸送用機器の整備、日本貨物鉄道株式会社の完全民営化の早期実現、（道路および広域物流拠点の整備）では道路ネットワークの整備等、物流拠点を結ぶ重要な道路での車両の大型化―総重量25トン―に対応した橋梁の補修・補強の実施、マルチモーダル施設の推進により相互に連携のとれた輸送体系の確立、関係省庁の連携による広域物流拠点と道路の一体的整備の推進、（トラック、トレーラー輸送）ではトラック事業の経済ブロック単位での拡大営

業区域の設定、最低車両台数の全国一律 5 台となるような段階的引き下げ、トレーラー化の推進とそのためのシャーシ・プール整備への支援措置が挙げられている。

　国際物流に関しては、（ターミナルの整備と運営）では中枢・中核国際港湾における国際海上コンテナ・ターミナルの整備、効率的なターミナル運営のあり方、適切な利用料金の設定方法の検討、（港湾運送）では荷役の機械化・情報化の推進と共同化等による事業基盤の強化、主要港湾での日曜荷役の安定的確保等国際水準の稼働の実現に向けた関係者の取り組みの促進、（手続きの情報化・簡素化）では輸入手続きおよび港湾諸手続きの情報化・簡素化の推進、ペーパーレス化およびワンストップサービスの実現、（輸出入貨物の国内陸上輸送）では国際海上コンテナ積載車両の通行でのISO規格の40フィートおよび20フィートコンテナのフル積載状態でのセミトレーラーの通行可能化、（輸出入貨物の国内海上輸送）では外貿バースへの内航船舶接岸の容易化、（国際海上輸送）ではわが国外航海運の国際競争力の強化施策の推進、（国際航空貨物の利用促進）では集荷力強化の促進、貨物運送取扱事業法の運営の弾力化、（国際物流拠点の整備）では関係省庁の連携の下での国際交流インフラ事業の推進、交錯輸送削減への港湾および空港周辺の物流拠点立地の促進が指摘されている。

　「第 3 」で示された盛り沢山の内容の着実な実現こそが強く期待されるが、その実施主体、具体的取り組みについては先の「第 2 」の紹介の末尾で綴っておいたことがここでも該当しよう。

　「第 4 　今後の施策実施体制」では「第 2 」、「第 3 」での指摘の大要が纏められている。関係省庁の連携体制の整備により、施策の総合的な推進を図ること、地域毎に連携体制を整備し、相互に連携して施策の総合的な推進を図ること、大綱の毎年のフォローアップと社会経済情勢の変化を踏まえ必要に応じて改定を行うこととされている。

関係省庁の連携、地域毎の連携では「総合的な推進を図ること」と表現されており、ここに総合（傍点は筆者）の意味合いが込められているものと理解される。

　大綱の末尾には（参考）として「総合物流施策大綱にかかわる努力目標について」として都市内物流、地域間物流、国際物流、標準化の4項目について、主要な数値が示されているが、あくまで参考として幅をもってみるべきものであるとの注記が付されている。

(3)　第1次大綱の意義

　物流サービスの供給者、需要者の大半は民間人であるので、物流市場が機能するのであれば本来大綱なるものは必要ないということになる。その一方で、物流サービスでは交通（物流）関係社会資本が不可欠であり、行政による規制等も行われている。第1次大綱では事業者による競争が基本とされていることから、市場機構重視型と解釈され得る。その点では運政審46答申前の中間報告で話題とされた理想形の「青い鳥」なるものが総合物流施策大綱では相対的に期待されてもよいことになるが、「総合物流施策大綱」とは何かについては明示されていない。「青い鳥」論とはなりえないとの認識からであろうか。

　第1次大綱は、1990年代後半での社会経済情勢の実情を国際的視野に立って把握し、情報技術の革新、国際分業体制の一層の進展という環境変化から高度化・多様化している国民の物流ニーズに対応すべく、関係するステークホルダーの連携を強く訴えている。第1次大綱に先行する「経済構造の変革と創造のためのプログラム」（平成8（1996）年12月17日閣議決定）における物流サービスが最重要の一つと位置付けられたことからも、関係省庁が連携して物流施策の総合的な（傍点は筆者）推進を図るため、本大綱が策定されることになったという経緯には頷けるものである。ただし、関係省庁の連携とあるからには、やはりその必要

性を説いた運政審答申との関係はどうなのかということが世間の関心事とはならないのであろうか。運政審も、時代認識での差こそあれ、大綱とほぼ同様な視点から物流の扱いを重要視していたからである。

　これまで眺めて来たとおり、第1次大綱が論じた分野、内容は極めて広範にわたるものである。これまでにはなかったものであるといってもよいであろう。物流新時代の一つの出発点となりうるものとして相応な評価が与えられてしかるべきであると考えられる。望むらくは、各施策の実施主体、具体的実行可能性についての示唆である。

　筆者が特に注目したのは「第1　基本的考え方」の(2)で綴られている、政府が講じるべき3つの視点である相互連携による総合的な取り組み、多様化するニーズに対応した選択肢の拡大、競争促進による市場の活性化についてである。そこでは生産から消費、廃棄に至るまでの輸送や環境にかかわる社会的費用の最適化が指摘され、陸海空の輸送モードの適切な選択が可能となる環境整備、競争的環境の下での国際的にも魅力的な活力ある事業環境の創造が謳われている。社会的費用の内部化を組み込んだ市場メカニズムの活用は、実行可能性の課題はあるものの、正論であると考えるからである。その中でとりわけ意義を認めたいのは、多様化するニーズに対応した選択肢の拡大の中で「貨物輸送の重要性が旅客輸送に比べて国民に認識され難いことに留意しつつ、……」と明確に綴られている点である。今日（本書執筆時点）でこそ、人流、物流という言葉が世間で一般化しているが、貨物輸送、物流、ロジスティクスの差を認識している人は限られている。その原点は、旅客輸送が主、貨物輸送は従という捉え方にあったものと考える。例えはいささか飛躍するかもしれないことを承知で推論すれば、大組織であった公社国鉄における貨物輸送のウェイトの小ささ――国鉄の歴史の中では両者がほぼ対等という時代もあった――が一般の人々にこの種の思い込みを与えてきたのではなかろうか。大綱で貨物輸送の重要性を訴えているの

は、言葉の上とはいえ、今後の物流施策（政策）の展開に大きな意味を持っていると改めて感じる次第である。

　「総合」云々を別にすれば、市場メカニズムを活用し、競争促進による市場の活性化の主張とともに、貨物輸送の重要性を説いた点に第1次大綱の意義が見い出せるのではなかろうか。

3　総合物流施策大綱四半世紀の変遷と今後

(1)　第1次〜第7次大綱

　本書第7章7-1(1)で示した総合交通体系論をめぐる運政審答申での経緯を国交省、経産省の物流担当者がどこまで認識していたのかは定かではないが、「総合物流施策大綱」は1994年4月に閣議決定された第1次を皮切りに、近時での2021年6月の第7次大綱まで継続している。ほぼ4年ごとに改訂されている総合物流施策大綱の変遷については苦瀬博仁教授の論考[7]が有用である。大綱作成自体に少なからずかかわった苦瀬教授は第1次から第7次までの特徴を簡潔かつ明快に纏めている。

　同教授の整理によれば、最初の第1次（1977年）では国際分業が進んでいる中で、物流が国や地域における産業競争力の重要な要素として認識され、物流への国民ニーズが高度かつ多様になってきたことから、①物流サービス、②物流コスト、③環境問題など3つの目標が掲げられた。続く第2次（2001年）から第5次（2013年）では概ね①物流の効率化と競争力の強化、②環境問題、③安全・安心の確保の3つの目標が共通していた。その後は目標とともに具体的な方法論が示されるようになり、第6次（2017年）では「強い物流」の構築に①繋がる、②見える、

（7）　苦瀬博仁「総合物流施策大綱の変遷と目標実現のための課題」、『物流問題研究　71号』（2021年9月）p.42-47

表補-1　総合物流施策大綱の変遷

第一次 （1997-2001）	①アジア太平洋地域で最も利便性が高く魅力的な物流サービスを提供 ②物流サービスが産業立地競争力の阻害要因とならない水準のコストで提供 ③物流にかかわるエネルギー問題、環境問題および交通の安全等に対応
第二次 （2001-2005）	①コストを含めて国際的に競争力のある水準の市場構築 ②環境負荷を低減させる物流体系の構築と循環型社会へ貢献
第三次 （2005-2009）	①スピーディでシームレスかつ低廉な国際・国内の一体となった物流の実現 ②「グリーン物流」など効率的で環境にやさしい物流の実現 ③ディマンドサイドを重視した効率的物流システムの実現 ④国民生活の安全・安心を支える物流システムの実現
第四次 （2009-2013）	①グローバル・サプライチェーンを支える効率的物流の実現 ②環境負荷の少ない物流の実現等 ③安全・確実な物流の確保等
第五次 （2013-2017）	①産業活動と国民生活を支える効率的な物流の実現 ②さらなる環境負荷の低減に向けた取組 ③安全・安心の確保に向けた取組
第六次 （2017-2020）	①繋がる：サプライチェーン全体の効率化・価値創造に資するとともに、それ自体が高い付加価値を生み出す物流への変革 ②見える：物流の透明化・効率化とそれを通じた働き方改革の実現 ③支える：ストック効果発現等のインフラの機能強化による効率的な物流の実現 ④備える：災害等のリスクの・地球環境問題に対応するサスティナブルな物流の構築 ⑤革命的に変化する：新技術（IoT、BD、AI等）の活用による"物流革命" ⑥育てる：人材の確保・育成、物流への理解を深めるための国民への啓発活動等
第七次 （2021-2025）	①物流DXや物流標準化の推進によるサプライチェーン全体の徹底した最適化（簡素で滑らかな物流） ②労働力不足と物流構造改革の推進（担い手にやさしい物流） ③強靭で持続可能な物流ネットワークの構築（強くてしなやかな物流）

出典：苦瀬博仁「総合物流施策大綱と目標実現のための課題」　p.43

③支える、④備える、⑤革命的に変化する、⑥育てる、の物流生産性向上の6つの方法論が挙げられている。最新の第7次（2021年）では技術革新の進点、SDGs対応への社会的気運、生産年齢人口減、ドラーバー不足、災害の激甚化・頻発化、などを背景に、①簡素で滑らかな物流、②担い手にやさしい物流、③強くてしなやかな物流の3つの目標が掲げられている。第7次での具体的方法論として特筆すべきなのは「物流DX」と「物流標準化」であり、そこでは過去の事例を振り返って、物流DXの推進ではリードタイムの短縮、相乗・代替効果、荷主のビジネスモデル変革で3つの課題のあること、標準化の推進では取引先ごとの標準化対応、業界内と業界間の標準化、標準化と差別化の葛藤で3つの課題のあることが指摘されている。苦瀬教授が示唆しているのはソーシャル・ロジスティクスの誕生と実践こそが国として示すべき物流政策の基本的方向であると推測されるのである。この点でも先の脚注2で示しておいた同教授の近著である『ソーシャル・ロジスティクス』は大いに注目すべきものである。

(2)　なぜ総合大綱なのか

　物流の方向を示す大綱に「総合」なる言葉が付されたのはなぜか、「総合物流施策大綱」は冠言葉のない「物流施策大綱」とどう異なるのか、運政審での総合交通体系論に接した際に生じた素朴な疑問がここでも再び湧き上がってくるのを否定しえない。総合交通体系論で展開された1990年代までの経緯、教訓（あるとしたらの話であるが……）は活かされたのであろうか。

　第1次から第7次までの大綱を改めて通読してみても、その都度新基軸を打ち出そうという意欲は、特に第6次、第7次で確認されるものの、なぜ総合大綱（傍点は筆者、以下同様）なのかは文面上明確に示されているとは判読しにくい。運政審の総合交通体系論（46答申）では

文中の一節が「総合交通体系の意義と基本的な考え方」に割かれている。そこでの内容が多くの人に納得されたのか否かは別として（本書第5章参照）、運政審なりになぜ総合なのかを検討していた跡がみられる（傍点は筆者、以下同様）。これに対して、総合物流施策大綱では46答申での試みに該当する節は見い出せない。最初である第1次大綱での「第1　基本的考え方」の(1)で、物流を取り巻く情勢から「……わが国物流への強い期待に応えるため、物流に関する総合的な取り組みを強化することは、一刻の猶予も許されない喫緊の課題である」、「……物流政策が……国際的に遜色ない水準のサービスが実現される最重要の課題の一つと位置付けられ、関係省庁が連携して物流施策の総合的な推進を図るため、……」と記されているだけで、「総合物流施策大綱」と銘打ったことに正面から答えているようには判断しにくい。こられのことは単に「物流施策大綱」としてみても当然のこととして盛り込まれうるものと思われるがいかがであろうか。

　運政審での諸々の議論を通して筆者なりに憶測してみると、物流サービスにかかわるステークホルダーすべてを包含し、各種交通手段を用いる物流事業者、荷主、彼らを管轄する国土交通省、経済産業省等が主体的にかかわってくるという意味での総合ではないのであろうか。さらに、国土、都市圏、都市、地区といった空間、国家、自治体、企業、市民といった主体、縦横のシームレスというサプライチェーン・マネジメント（SCM）も包含されることとなろう[8]。

　第1次大綱では「総合的な取り組み・推進」の文言とともに「横断的な課題」、「関係省庁の連携、地域毎の連携」といった項目は見い出せるものの、第2次大綱以降では改定の理由、物流を取り巻く環境変化への対応、連携と協働の重要性の指摘等が中心である。これらの文脈から大

（8）　この憶測に関しては、筆者の問いかけに応じてくれた苦瀬教授の私的メモに負うところが大きい。ただしいうまでもなく、文責は筆者にある。

綱に総合を付した理由を類推すべきであるとしているのかもしれない。

　物流に大きくかかわっているのは民間の人々である。民の知恵を最大限に活かす方向が基本であり、彼らの活動だけでは社会的なサービスの必要量を確保できない場合に官の施策の出番となろう。総合物流施策大綱をこのような観点から活用することが肝要であると考える次第である。

(3)　ポスト第 7 次大綱に寄せて

　本書執筆時での最新の大綱は第 7 次（2021～2025年）である。第 7 次まで各種の改定が行われているが、第 7 次以降はどうなるのであろうかはとりわけ物流関係者にとって大きな関心事となろう。そもそも論として、「大綱」とは「ある事柄のうちの根本的な所。大本。大要。」ということなので、この基本の遵守は一貫すべきものであるが、物流サービスをめぐる技術革新が激しく、ニーズもますます高度化・多様化していくという状況を考えると、第 8 次以降も改定、継続されることは十分ありうる。

　第 1 次大綱の「第 4　今後の施策実施体制」の(3)で「本大綱の実施状況について毎年フォローアップを行う。社会情勢の変化を踏まえ、必要に応じて改定を行う。」と記されているが、現実には第 1 次以降はほぼ 4 年毎に改定されている。4 年毎が「必要に応じて」のものであれば何ら異を唱えるつもりはないが、社会情勢の変化が 4 年毎に到来するとは考えにくい。いささか旧聞に属することであるが、技術革新の早さを説いた「ムーアの法則」が物流分野にも該当するのであれば、大綱の改定は 4 年間隔では短すぎることにもなりかねない（その場合は技術革新を短期間で大綱に取り込むのはかなりの困難を伴うことになろう）。要は 4 年毎の改定をルーティンワークと考えず、必要性を的確に捉え臨機応変に対応すべきであろう。そのためには政策当局の情勢変化への常時

ウォッチが前提とされよう。

　第 8 次大綱以降に筆者が期待したいのは、市場機構の活用をベースにしたものであることである。物流市場での主役は民間事業者、民間の荷主であり続けることが想定されるからである。とりわけ、民間事業者の創意・工夫には大きな期待を寄せたい。物流活動が社会的にスムーズに行えること、適切な費用負担で荷主がそれを過不足なく享受できることへの社会資本の整備が行政の政策であって欲しいと望むものである。そのための総合大綱であることを強く期待したい。総合というからには、言葉にふさわしい行政の役割が社会的に要請されるのではなかろうか。

　わが国物流研究の第一人者である苦瀬博仁教授は「物流大綱はビジネス・ロジスティクスの一環として物流コストの削減や物流の円滑化・効率化、経済の効率化に大きな貢献をしてきた。そして、各省庁の垣根を超えて物流を議論したことが、物流大綱の最大の貢献の一つと考えている。この一方で、経済的価値だけでなく社会的価値を追究するロジスティクスも期待されている。貿易立国であるとともに災害大国でもあり、高齢化社会を迎えるわが国だからこそ、社会的価値の追求も重要となるに違いない。この意味で、物流大綱に役割もより大きくなるだろう。」と綴っている（前掲脚注 7 で挙げた苦瀬論文）。大綱を評価した上で、言外に民間と公共の総合、物流事業者と荷主の総合、ノードとリンクの総合への期待を寄せている。総合大綱として続くのであれば、苦瀬教授の期待に応えるものであって欲しいと考える次第である。

あとがき─総括に代えて─

　総合交通体系論議はその後の政策展開にどのように活かされてきたのであろうか、あるいは幻と消えてしまったのであろうかは、筆者が長年抱いてきた整理課題であった。これに取り組まねばならないと思いつつ、無為なままに時間だけが過ぎてしまった。参照すべき文献を前に、本書の執筆を何から始めるべきであるのかの試行錯誤の連続であった。構想の当初から、答申そのものに固執しすぎてしまった感が否めない。

　暗中模索の末、筆者がようやく気付いたのは実質的には運輸経済懇談会（運懇）での議論から紐解くべきであるということであった。わが国の運輸・交通行政の大きな転換点となったのは運懇での検討であった。従来にない、広範な分野からの委員構成で、そこでの議論は運懇の発展的継承機関である運輸政策審議会（運政審）に引き継がれることとなった。運政審答申のケースに比べて、運懇での検討経緯は今日では語られることが限られるようになっているが、運政審の論議を振り返るに当たってこれをスルーすることは適切とはいえない。総合交通体系論の系譜はここから辿るのが道筋であり、運懇と運政審は補完的関係と捉えるべきものなのである。両者がその後の総合交通体系論の展開に少なからざる影響を与えたからである。筆者の行き着いた執筆の出発点はこの点にあった。蛇足ながら、本書の第2章が分量的に膨らんでしまった一つの由縁でもある。

　一連の運政審答申では、最初となる46答申への注目度、関心が最も高かった。その一方で、筆者の見方では46答申前の中間報告に運政審、

諮問当局の本音が示されていたのではなかろうかと推論する。理想形としての「青い鳥」を総合交通体系とした基本姿勢に象徴されていると解釈するからである。しかし、運政審答申では実際問題として最後まで「青い鳥」論は示され得なかった。加えて、第1号としての46答申の背景には国鉄の赤字対策という大きな政策課題があった。国鉄（鉄道）対策をすべての交通機関の中で論じようということから「総合」という言葉が用意されるようになったと捉えるのが妥当なのではなかろうか。行政当局にとって、政策論としてはそれは当然の流れともいえよう。その際、総合交通体系、総合交通政策への接近の基本的姿勢が市場機構活用型に置かれるのか、あるべき姿をあらかじめ想定した上での政策介入型なのかが問われることとなろう。もち論、教科書タイプの完全市場は現実にはありえないことから、市場環境の不備を補うことは当然であるが、そのこと自体に重点が置かれるのか、それとも政策官庁が事前に望ましいと判断する分野を優先してここに持っていこうとするのかによって、様相は大きく異なってくる。政策論としての分かれ目の原点なのである。いずれにせよ、交通市場の現実の姿を客観的に観察し、的確に捉えることが大前提とされるのはいうまでもない。本書での検討を通じての筆者の愚見は、交通政策、交通体系は社会的費用を反映した市場での帰結を尊重したものであって欲しいとするものである。昨今国際的に広く要請されている「持続可能性（sustainability)」に叶うものだからでもある。そのための政策運営を強く期待したいのである。

　46答申が大きな契機となって、各所で各種の総合交通体系関連の議論、研究が展開されることとなった。総合交通体系を論ずる上では、総合交通モデルの研究にも着手され、理論的・実証的分析が行われるようになり、その後のこの分野での研究の大きな礎となった。この点はその業績相応に評価されなければならないと考える。私見では、このことを交通研究者はとかく見逃しがちだと思われるからである。

　総合交通体系論は運政審だけでなく、交通関連官庁、民間組織、学会、政界等で積極的に論じられるようになり、本書ではその経緯、経過を可能な限りの目配りをして追跡してきたが、大胆に纏めれば総合交通体系の定義を説得的にした上で、そのあり方を示したものはなかったのである

　運政審46答申から半世紀を経た今日でも、「総合」ないしはこれを幾分和らげたニュアンスでの「総合的」という言葉は日常的に多方面で使われている。おそらくこの動向は今後も変わることはないであろう。その場合、「総合」、「総合的」とはいかなる意味で使われるのか、それが理想的なものに結び付くのか否かが明らかにされなければならない。筆者は「木を見て森を見ず」の弊害を避けるためにすべての交通機関を対象にするという意味でこの言葉が使われることには抵抗感はないが─ただし、そこに「総合」、「総合的」なる言葉を入れる必然性があるのかは吟味すべき検討課題ではある─、あたかも社会的最適を保証するような使われ方がされるとすれば納得しかねるのである。この言葉を使う以上はこの点に十分留意した上で行って欲しいと切に願うものである。本書での検討結果からの要請でもある。

　総合交通体系論は、それ以前の総論、各論（陸運論、海運論、空運論）といった研究に比べれば確かに画期的なものであった。この試み、推論、内容への賛否を別にすれば、運政審46答申等に啓発された交通研究者は決して少なくなかった筈である。学問研究、議論の活性化にはそれなりの意義があったといっても過言ではない。それらの経緯を筆者の手元にある各種資料（もちろん散逸してしまったものもある）、今となっては遠くなってしまった記憶を頼りに、可能な限り体系的に整理しておこうと心掛けてきたのであるが、結果としてその意図がどこまで満たされたのかは定かではない。本書を読んで下さる方々の判断に委ねたい。

　また、執筆に当たり筆者の活用しうる、かなりの分量に達する資料を

すべて適切に用いたのかと問えばその限りではない。さらに追加的に探索すべき資料も少なくない。このことを十分自覚しているものの、本書で綴った内容は筆者の現在の気力、体力では精一杯のものであるとしてご寛容願いたい。これからも可能な範囲内で細々と勉強を続けるつもりではあるが、筆者の単著としてはこれが最後のものとなろう。これまでの来し方を振り返って、曲がりなりにも何とか本書の刊行に漕ぎつけることが出来たという点では感慨深いものがある。

　本書は運政審時代の総合交通体系論を対象としたが、その後の交通政策審議会、社会資本整備審議会での動向については扱っていない。本書での整理の延長の必要性があるとすれば、そこに関係された方々に試みていただければと願う次第である。

　遅ればせながら政策論の奥深さを感じ取り、自らの不勉強を痛感させられた。学生時代からご指導いただいた諸先生方（ほとんどの方々はすでに鬼籍に入られてしまった）には、「最後の著書でもこの程度なのか」と叱正されそうである。走馬灯のように脳裏に浮かんでくるお一人お一人のご尊名を挙げることは控えさせていただくが、筆者程、学問的にも人格的にも優れた恩師に恵まれた者はいないと改めて心から感謝するとともに、学恩に報いることが出来なかった非力を申し訳なく思う次第である。

【著　者】

杉山　雅洋

流通経済大学理事・早稲田大学名誉教授、商学博士

主たる著書（共著含む）として
『西ドイツ交通政策研究』（1985.4 成文堂）
『明日の都市交通政策』（2003.6 成文堂）
『交通学の模索』（2011.3 成文堂）
『先端産業を創りつづける知恵と技』（2014.10 成文堂）
『日本の交通政策』（2015.6 成文堂）
『アウトバーンの歴史』（翻訳監修本）（2019.2 流通経済大学出版会）
『交通学の足跡』（2021.5 流通経済大学出版会）等がある。

公益社団法人 日本交通政策研究会

代表理事　山内弘隆・原田 昇
所在地　〒102-0073 千代田区九段北1-12-6　守住ビル
　　　　電話　03-3263-1945（代表）
　　　　FAX　03-3234-4593
◦日交研シリーズ，その他，研究会についてのお問い合わせは上記に
お願いします。

日本交通政策研究会研究双書36

そうごうこうつうたいけいろん　けい ふ　てんかい
総合交通体系論の系譜と展開

発行日　2023年12月2日　初版発行

著　者　杉　山　雅　洋
発行者　上　野　裕　一
発行所　流通経済大学出版会
　　　　〒301-8555　茨城県龍ヶ崎市120
　　　　電話　0297-60-1167　FAX　0297-60-1165

Printed in Japan/アベル社
ISBN978-4-911205-00-6 C3065 ¥3300E